CAMINHOS PARA A TRANSIÇÃO DO SISTEMA AGROALIMENTAR

Desafios para o Brasil

Dados Internacionais de Catalogação na Publicação (CIP)
(Claudia Santos Costa - CRB 8ª/9050)

Caminhos para a transição do sistema agroalimentar : desafios para o Brasil / organizadores Ricardo Abramovay e Arilson Favareto – São Paulo : Editora Senac São Paulo, 2025.

Bibliografia.
ISBN 978-85-396-5722-3 (impresso/2025)
e-ISBN 978-85-396-5723-0 (ePub/2025)
e-ISBN 978-85-396-5724-7 (PDF/2025)

1. Alimentos – Produção – Aspectos socioambientais. 2. Agroindústria – Brasil. 3. Sustentabilidade. 4. Políticas públicas. I. Abramovay, Ricardo. II. Favareto, Arilson.

25-2542c CDD – 333.7
338.1
BISAC SOC055000
BUS070010
POL067000

Índice para catálogo sistemático:
1. Produção de alimentos : Sustentabilidade 333.7
2. Sistema agroalimentar 338.1

Organização

Ricardo Abramovay e Arilson Favareto

CAMINHOS PARA A TRANSIÇÃO DO SISTEMA AGROALIMENTAR

Desafios para o Brasil

Editora Senac São Paulo – São Paulo – 2025

Gerente/Publisher: Luís Américo Tousi Botelho
Coordenação Editorial: Verônica Marques Pirani
Prospecção: Andreza Fernandes dos Passos de Paula, Dolores Crisci Manzano, Paloma Marques Santos
Administrativo: Marina P. Alves
Comercial: Aldair Novais Pereira
Comunicação e Eventos: Tania Mayumi Doyama Natal

Edição de Texto: Ana Luiza Candido, Nadine Marques Nunes-Galbes, Eduarda Rimi e Estela Catunda Sanseverino
Coordenação de Revisão de Texto: Marcelo Nardeli
Revisão de Texto: Cibele Machado e Júlia Campoy
Coordenação de Arte: Antonio Carlos De Angelis
Projeto Gráfico, Capa e Editoração Eletrônica: Tiago Filu
Impressão e Acabamento: Gráfica Visão

EDITORA SENAC SÃO PAULO
Av. Engenheiro Eusébio Stevaux, 823 – Prédio Editora
Jurubatuba – CEP 04696-000 – São Paulo – SP
Tel. (11) 2187-4450
editora@sp.senac.br
https://www.editorasenacsp.com.br

SUMÁRIO

Nota do editor, 7

Agradecimentos, 9

Prefácio, 11
Carlos Monteiro e Rita Lobo

Introdução: para superar a monotonia do sistema alimentar, 15
Ricardo Abramovay e Arilson Favareto

1. A transição agroalimentar: entre ruptura, gradualismo e reconfiguração, 23
Ricardo Abramovay e Arilson Favareto

2. A monotonia nas produções agrícolas, 61
Ludmila Rattis, Álvaro Maia Batista, Bárbara Guedes, Filipe Arruda, Vanessa Ribeiro, André Andrade, Taiza Lopes, Isabela Filgueira, Elisângela Rocha, Antônio Silveiro, Marília Lourenço e Bianca Rebelatto

3. A monotonia nos sistemas de produção de aves e suínos: implicações para o bem-estar animal e risco de resistência a antibióticos, 105
Rita Albernaz-Gonçalves e Maria José Hötzel

4. A monotonia nos sistemas de produção de bovinos no Brasil: raízes históricas e caminhos para a diversificação sustentável, 133
Judson Ferreira Valentim

5. A monotonia nas dietas: o papel da distribuição e comercialização de alimentos, 167
Walter Belik

6. O cenário da transição alimentar no Brasil: mais ultraprocessados, mais carnes e menos biodiversidade, 193
Maria Laura da Costa Louzada, Fernanda Helena Marrocos-Leite, Marcos Anderson Lucas da Silva e Patrícia Constante Jaime

Sobre os autores, 221

NOTA DO **EDITOR**

Ao longo das últimas décadas, os sistemas agrícolas de produção de alimentos e nossos modos de consumo provocaram mudanças climáticas, perda de biodiversidade e aumento da poluição em todo o mundo. No centro das discussões, o Brasil figura como um dos protagonistas globais, um território que demanda transformações urgentes, mas que oferece possibilidades de mudanças.

Organizado por Ricardo Abramovay e Arilson Favareto, este livro reúne artigos que tratam da chamada "tríplice monotonia" – nas lavouras, nos criadouros e nos alimentos. Os autores revelam como os modelos atuais, embora produtivos, contribuem para o agravamento de problemas de saúde pública e de desequilíbrio ambiental. No entanto, para além desse diagnóstico, são também apresentadas alternativas inovadoras que apontam caminhos para uma transição para práticas mais sustentáveis, saudáveis e justas.

Com esta obra, o Senac São Paulo oferece uma base teórica sobre o sistema agroalimentar brasileiro e contribui para a reflexão sobre como o que produzimos e a forma como consumimos os alimentos vêm moldando o futuro do planeta.

AGRADECIMENTOS

A publicação deste livro só foi possível graças à colaboração de várias pessoas e organizações.

Somos especialmente gratos a Nadine Marques Nunes-Galbes e a Estela Catunda Sanseverino pelo trabalho cuidadoso de mobilização dos autores, pela organização dos textos e pelo acompanhamento de todas as fases do processo editorial.

Luís Barbieri, Eduardo Martins e Olívia Dórea, assim como todos os autores dos capítulos que compõem este volume, leram as versões originais dos manuscritos e foram extremamente gentis em compartilhar seus comentários e sugestões.

A equipe da Editora Senac São Paulo prontamente acolheu a proposta do livro e viabilizou as condições necessárias para que ele viesse a público em curto espaço de tempo.

O Instituto Ibirapitanga, o Instituto Clima e Sociedade, a Fundação Porticus, o Instituto Itaúsa e o Conselho Nacional de Desenvolvimento Científico e Tecnológico (CNPq) apoiam a Cátedra Josué de Castro de Sistemas Alimentares Saudáveis e Sustentáveis da Universidade de São Paulo (USP) e o Instituto Nacional de Ciência e Tecnologia "Superar a Tríplice Monotonia do Sistema Agroalimentar", aos quais os autores dos capítulos deste livro são vinculados.

A todos, nosso mais sincero agradecimento.

PREFÁCIO

Carlos Monteiro e Rita Lobo

Em qualquer imersão em novas culturas – seja em viagens, aulas ou até em livros e filmes – a comida conta histórias. Conhecer os temperos, os métodos de preparo, as receitas tradicionais, as feiras... tudo isso nos dá elementos para entender mais sobre um povo, um contexto e até uma época longínqua. Mas e o futuro? O que a comida nos diz sobre o futuro?

O que este livro, cuidadosamente organizado por Ricardo Abramovay e Arilson Favareto, apresenta é um debate urgente: ou mudamos a rota, ou, em um amanhã não muito distante, perderemos nossas tradições alimentares. E não só isso: o que está em risco é a biodiversidade, a saúde humana e planetária. O que e como comemos está no centro de alguns dos maiores desafios do século XXI.

Ao mesmo tempo que milhões de pessoas ainda passam fome no mundo, nunca produzimos tantos alimentos, e nunca fomos tão adeptos das monoculturas. Poucas lavouras – trigo, milho, soja, arroz, batata e cana – fornecem a maior parte das calorias vegetais consumidas no planeta. As criações de aves e suínos seguem um modelo industrial que depende do uso maciço de antibióticos e compromete o bem-estar animal e humano. Nas prateleiras dos supermercados, cresce a presença dos ultraprocessados, produtos que prometem conveniência, mas empobrecem nossa dieta e substituem refeições preparadas por soluções prontas, hiperpalatáveis e altamente perigosas.

É essa "tríplice monotonia" que a Cátedra Josué de Castro, vinculada ao Núcleo de Pesquisas Epidemiológicas em Nutrição e Saúde da Universidade de São Paulo (Nupens/USP), se propõe a enfrentar, inspirada no legado do médico e pensador que, já no século passado, compreendeu que a fome e a má alimentação não são problemas naturais, mas sociais e políticos.

Este livro mostra por que superar essa homogeneidade – a pasteurização das nossas refeições e da vida – é um passo essencial para assegurar o direito à saúde, à alimentação adequada e saudável. Para assegurar o futuro.

A boa notícia é que soluções já estão à mesa e são exploradas pelos autores e autoras – referências acadêmicas na área – nas próximas páginas. Da agricultura regenerativa tropical, que reintroduz biodiversidade e reduz a dependência de agrotóxicos, ao fortalecimento e implementação de novas políticas públicas baseadas no Guia Alimentar para a População Brasileira. Este livro não é só um diagnóstico. É um convite.

Pesquisadores, formuladores de políticas públicas e todas as pessoas que entendam que a comida que escolhemos – e que escolhem por nós – pode ser um caminho para transformar os sistemas alimentares vão encontrar inspiração para mudanças nesta leitura.

Carlos Monteiro

Médico e doutor em saúde pública, professor emérito da Faculdade de Saúde Pública da Universidade de São Paulo (FSP/USP) e pesquisador do Núcleo de Pesquisas Epidemiológicas em Nutrição e Saúde (Nupens/USP). Desenvolveu estudos sobre a transição nutricional em países em desenvolvimento e coordenou o Guia Alimentar para a População Brasileira. Criador do sistema Nova de classificação de alimentos e do conceito de ultraprocessados, recebeu diversos prêmios em saúde pública.

Rita Lobo

Apresentadora de TV, autora best-seller de treze livros e fundadora do Panelinha – site, editora, produtora de vídeos e canal no YouTube. Durante a pandemia de covid-19, criou o projeto Rita, help!, com o objetivo de ensinar cada vez mais pessoas a cozinhar e a melhorar a alimentação. Por seu trabalho em defesa da alimentação saudável, recebeu, em 2018, a medalha de honra ao mérito da Organização das Nações Unidas para a Alimentação e a Agricultura (FAO/ONU) e, em 2023, foi nomeada Apoiadora Oficial no Brasil do Programa Mundial de Alimentos da ONU (WFP/ONU).

INTRODUÇÃO: PARA SUPERAR A MONOTONIA DO SISTEMA ALIMENTAR

Ricardo Abramovay e Arilson Favareto

O sistema agrícola que conseguiu reduzir a fome no mundo, dos anos 1960 para cá, de um terço a um décimo da população mundial está na base do que a Organização das Nações Unidas (ONU) chama de tríplice crise planetária. Seu sucesso produtivo não está em declínio, como mostram, ano a ano, as safras recordes e a oferta crescente de produtos animais no Brasil. No entanto, é da produção de alimentos (e também, cada vez mais, dos usos industriais da biomassa) que se origina um terço das emissões globais de gases de efeito estufa (GEE). A agropecuária é considerada também, segundo a Plataforma Intergovernamental sobre Biodiversidade e Serviços Ecossistêmicos (IPBES, na sigla em inglês), o maior vetor da erosão global da biodiversidade e está na origem de algumas das formas mais graves de poluição, tanto pelo uso em larga escala de agrotóxicos como pelo emprego de medicamentos na produção animal responsáveis pelo agravamento da resistência aos antimicrobianos, uma das mais importantes preocupações atuais da Organização Mundial da Saúde (OMS).

O Brasil é um dos territórios em que as tecnologias da Revolução Verde foram aplicadas com mais eficiência. O país hoje está no epicentro do sistema agroalimentar global, com destaque para sua presença dominante em vários produtos e, sobretudo, na oferta de alimentos fontes de proteínas vegetais e animais. Essa conquista se apoiou na mais importante revolução agrícola do mundo tropical, com a expansão da produção de soja e milho no Cerrado, mas também com um conjunto de tecnologias que permitiram aumentar a oferta proveniente da Mata Atlântica.

Apesar desse sucesso, essas formas produtivas encontram-se hoje sob ameaça por se apoiarem em tecnologias que destroem a vida nos solos e exigem uso crescente de fertilizantes sintéticos e agrotóxicos, além de estarem integradas a uma produção alimentar que agride a saúde humana, tanto pelo consumo cada vez maior de ultraprocessados como pela ingestão excessiva de carnes, muito acima das necessidades humanas para uma vida saudável.

Este livro tem três objetivos básicos. Em primeiro lugar, ele é um esforço de articular organicamente evidências que mostram a operação do que não se hesita em chamar, no singular, de sistema agroalimentar global, do qual o Brasil é um protagonista decisivo. É claro que são inúmeras as formas de produção, distribuição, processamento, obtenção, preparo e ingestão de alimentos. No entanto, é em torno de *um sistema agroalimentar* que se organiza a esmagadora maioria dos modos de uso da terra e de emprego de insumos químicos, de máquinas, de sementes, de genética vegetal e animal e, cada vez mais, de preparação e consumo de alimentos.

É daí que se origina o traço mais expressivo desse sistema agroalimentar: sua tríplice monotonia. Os gigantescos campos de grãos, o empobrecimento da biodiversidade – tanto das culturas como, sobretudo, dos solos – e o ataque sistemático a insetos, fungos, plantas espontâneas e microrganismos são paralelos à homogeneidade genética das criações animais concentracionárias e altamente dependentes de antibióticos. E a esta dupla monotonia é acrescentada uma terceira, vinda da oferta crescente de ultraprocessados (inclusive de produtos animais ultraprocessados), cujo espaço nas prateleiras dos supermercados é crescente.

É claro que esse modelo foi contestado desde sua emergência nos anos 1960. Entretanto, e este é o segundo objetivo deste livro, nos últimos vinte anos essa contestação se exprimiu em um conjunto de inovações sociotécnicas que foram além da bancada das organizações científicas e se incorporaram às práticas dos produtores. Na esfera do consumo, os ultraprocessados e o excesso de carnes já são objeto de alternativas em uma série de políticas públicas. O aumento dos custos de produção de grãos, derivado da necessidade cada vez maior de insumos químicos por unidade de produto obtida, está dando origem a um movimento voltado à emergência de uma agricultura tropical regenerativa, cujo potencial de crescimento é imenso. A pesquisa pública (e também privada) oferece alternativas globalmente pioneiras para enfrentar a degradação a que levam as tecnologias consagradas pela Revolução Verde, até aqui ainda dominantes. Na oferta de produtos animais bovinos, pesquisas da Empresa Brasileira de Pesquisa Agropecuária (Embrapa) já incorporam práticas produtivas responsáveis por uma intensificação moderada que abre caminho à redução da superfície ocupada pelos animais, à melhoria do seu bem-estar e à regeneração dos ecossistemas com os quais eles interagem. Na agricultura, é crescente o uso de bioinsumos em substituição a agroquímicos (ou fertilizantes e agrotóxicos). No consumo, o Guia Alimentar para a População Brasileira tem forte influência em políticas públicas voltadas a promover a diversificação do atual padrão alimentar brasileiro.

O terceiro objetivo deste livro é oferecer um referencial teórico e um levantamento inicial sobre o processo de transição agroalimentar. Projetar no futuro os impactos positivos que podem resultar da adoção de inovações sociotécnicas é importante, mas insuficiente. O sistema agroalimentar é composto por milhões de agricultores, unidades industriais, estabelecimentos comerciais e consumidores, atores econômicos cujas relações se estabilizam em torno de padrões que não se alteram nem por decisão hierárquica nem por estímulos de mercado. Trata-se de explorar os caminhos pelos quais inovações de nicho podem alcançar tal quantidade de agentes, de maneira a modificar o próprio ambiente institucional em que se desenvolvem suas práticas.

Os capítulos deste livro procuram demonstrar como a tríplice monotonia do sistema agroalimentar brasileiro toma forma em cada um dos domínios específicos a que essa ideia se aplica – as lavouras, a produção animal, os circuitos de distribuição e as formas de consumo –, apontando as inovações que já vêm sendo experimentadas para fazer frente aos problemas que o modelo convencional apresenta. Eles indicam trajetórias para que as inovações possam ser libertadas de sua atual condição de nicho e se convertam em padrão dominante, materializando então o caminho para uma alimentação saudável e sustentável.

No capítulo "A transição agroalimentar: entre ruptura, gradualismo e reconfiguração", Ricardo Abramovay e Arilson Favareto argumentam que a característica mais marcante das mudanças sociais necessárias para o enfrentamento dos problemas socioambientais do Antropoceno é a urgência, mas nada indica que elas possam ocorrer de maneira brusca ou disruptiva. Ao contrário, apoiando-se na literatura contemporânea sobre esse tema, os autores sustentam que as transições contemporâneas são processos, e demonstram que estão esgotadas as bases sociotécnicas nas quais se apoiou, ao longo das últimas décadas, a fenomenal capacidade da agropecuária brasileira. Além disso, elencam um conjunto de práticas que já vêm sendo implementadas em resposta a esse esgotamento e cujo fundamento principal é a reintrodução da diversidade no interior da própria produção agropecuária, e mostram as ambiguidades, tensões, idas e voltas desse processo, evidenciando que ele não é e não será linear, meramente gradual. "Reconfiguração do sistema agroalimentar" é a expressão utilizada para caracterizar esse processo já em curso e suas contradições e, para que ela seja mais rápida, como exige a urgência atual, e menos limitada pelas ambiguidades apontadas no capítulo, os autores terminam indicando um pequeno conjunto de domínios críticos que precisarão ser enfrentados pela pesquisa científica, pela experimentação prática por parte dos agentes econômicos ou pelos formuladores de políticas públicas.

Esse processo de reconfiguração envolve conexões globais do sistema agroalimentar. O capítulo de autoria de Ludmila Rattis, Álvaro Maia Batista, Bárbara Guedes, Filipe Arruda, Vanessa Ribeiro, André Andrade, Taiza Lopes, Isabela Filgueira, Elisângela Rocha, Antônio Silveiro, Marília Lourenço e Bianca Rebelatto, intitulado "A monotonia nas produções agrícolas", mostra que a demanda de proteínas vegetais para os sistemas concentracionários de produção animal na Ásia é o mais importante vetor da monotonia agrícola brasileira, com consequências fundamentais para a ocupação do território e para as infraestruturas instaladas e planejadas no país, tanto pelo setor público como pelo setor privado: A maior parte da soja importada pela China sai do Brasil: três quartos da soja brasileira é direcionada ao país principalmente para a alimentação de suínos. Isso cria um complexo de commodities altamente interdependente e singular entre os dois países. O capítulo aborda os custos econômicos e ambientais dessa integração, mas mostra também como a forte desaceleração do crescimento chinês, o aumento dos custos de produção e a visibilidade cada vez maior de problemas como desmatamento e escassez hídrica vêm levando a mudanças produtivas. A rotação de culturas e o uso de bioinsumos e seus benefícios são exemplos concretos de práticas cada vez mais adotadas. Por fim, o capítulo interroga os caminhos para reverter o forte domínio atual da soja na agricultura brasileira.

O impressionante aumento na oferta de carnes de aves e suínos no Brasil e em escala global tem por base modelos de criação industrial em que predominam a monotonia genética dos animais e sua concentração em espaços restritos e frequentemente sem luz, o que por si só lhes traz sofrimentos, e que também se apoiam no uso em larga escala de medicamentos. O capítulo de Rita Albernaz-Gonçalves e Maria José Hötzel, "A monotonia nos sistemas de produção de aves e suínos: implicações para o bem-estar animal e risco de resistência a antibióticos", descreve esses métodos de criação animal, mostrando os riscos para a saúde humana derivados da contribuição desses medicamentos ao avanço da resistência antimicrobiana, uma das maiores preocupações atuais da OMS. O trabalho também aponta algumas das alternativas mais interessantes a esses métodos.

O capítulo assinado por Judson Ferreira Valentim, "A monotonia nos sistemas de produção de bovinos no Brasil: raízes históricas e caminhos para a diversificação sustentável", aborda um dos temas mais polêmicos no sistema agroalimentar: a pecuária bovina, apresentando uma conclusão contraintuitiva. A pecuária bovina responde globalmente por metade das emissões de GEE e, no Brasil, ela acaba sendo implantada em áreas recém-desmatadas como forma de legitimar ocupações muitas vezes ilegais, o que acentua seu vínculo com a erosão da biodiversidade e com as emissões de GEE. Valentim, no entanto, mostra que a introdução de leguminosas e de plantios arbóreos nos pastos, inovação liderada pela Embrapa, reduz drasticamente a necessidade de insumos químicos e capta GEE em proporção que pode neutralizar as emissões vindas da criação de gado bovino. O capítulo traz ainda uma tipologia dos sistemas de produção utilizados nos diferentes biomas brasileiros, algumas consequências das tecnologias utilizadas em cada um deles, e ideias sobre como favorecer a expansão de sistemas que permitam diminuir os impactos destrutivos da produção pecuária.

Walter Belik, no capítulo "A monotonia nas dietas: o papel da distribuição e comercialização de alimentos", mostra o caráter subalterno da agropecuária com relação aos setores a montante e a jusante de suas atividades e dos quais ela depende inteiramente.

Tal dependência é um dos maiores obstáculos à transição do sistema agroalimentar para formas sustentáveis de produção e consumo. O capítulo também faz uma interessante análise histórica da transformação dos supermercados em principal equipamento para a comercialização não só de produtos industrializados, mas também de frutas, verduras, legumes e de carnes – e a aquisição de ultraprocessados acaba se tornando vetor importante para a concentração da compra de produtos frescos nesses estabelecimentos. O autor também enfatiza a perda de diversidade advinda do poder desse grande equipamento de distribuição alimentar.

O termo "alimentos ultraprocessados" consagra mundialmente a profunda revolução científica pela qual passou a ciência da nutrição desde a segunda década do milênio e é o fundamento em que se apoia o capítulo "O cenário da transição alimentar no Brasil: mais ultraprocessados, mais carnes e menos biodiversidade", que encerra este livro, de autoria de Maria Laura da Costa Louzada, Fernanda Helena Marrocos-Leite, Marcos Anderson Lucas da Silva e Patrícia Constante Jaime, pesquisadores ligados ao Núcleo de Pesquisas Epidemiológicas em Nutrição e Saúde da Faculdade de Saúde Pública da Universidade de São Paulo (Nupens/USP). A análise utiliza os dados de três edições da Pesquisa de Orçamentos Familiares (POF) para mostrar que cresce o consumo de alimentos ultraprocessados no Brasil. O capítulo mostra também o aumento no consumo de carnes, mesmo nas faixas mais pobres da população, e a redução na biodiversidade da alimentação, apresentando ainda um conjunto de políticas e iniciativas, amparadas no Guia Alimentar para a População Brasileira, voltadas a promover a alimentação saudável no país, sem deixar de apontar aspectos que ainda precisam de aperfeiçoamento no ambiente institucional das políticas públicas.

1. A TRANSIÇÃO AGROALIMENTAR: ENTRE RUPTURA, GRADUALISMO E RECONFIGURAÇÃO

Ricardo Abramovay e Arilson Favareto

Apresentação

É praticamente unânime o reconhecimento de que o mais importante traço das mudanças sociais necessárias para o enfrentamento dos problemas socioambientais do Antropoceno é a sua urgência (Scoones; Leach; Newell, 2015). Ao mesmo tempo, nada indica que, apesar de sua urgência, essas mudanças possam ser de natureza disruptiva e acontecer de maneira brusca. Ao contrário, as transições contemporâneas são muito mais "processos em curso do que eventos"[1] (Pereira *et al.*, 2018).

A tensão entre essas duas questões (a urgência e o caráter incontornavelmente processual e cumulativo das mudanças socioambientais contemporâneas) é o traço dominante da literatura em torno do que os pesquisadores do Beijer Institute of the Royal Swedish Academy of Sciences batizaram, nos anos 1990, de "sistemas socioecológicos" (Berkes; Folke; Colding, 2000). Essa tensão se exprime no reconhecimento de que "mudanças incrementais e

[1] Todos os trechos citados foram traduzidos pelos autores. [N. E.]

adaptações dos atuais caminhos de desenvolvimento podem ser insuficientes para alcançar a sustentabilidade", mas que as oportunidades de transformação residem em "descobrir capacidades para reduzir a resiliência do indesejável, do sistema de *status quo*, bem como alimentar e navegar a emergência de novos e desejados sistemas" (Herrfahrdt-Pähle *et al.*, 2020).

O emprego frequente do termo "navegação" nos estudos sobre transição socioambiental (ou "transição dos sistemas socioecológicos", como preferem os pesquisadores do Beijer Institute) indica que se trata de atingir um objetivo almejado (no caso examinado neste capítulo, compatibilizar a oferta de produtos alimentares com a regeneração dos serviços ecossistêmicos destruídos pelo crescimento agropecuário, melhorando a saúde humana e o bem-estar animal) ao transformar sistemas sociotécnicos, o que implica não apenas mudanças tecnológicas, mas de "práticas de consumo, significados culturais, políticas públicas, modelos de negócios, mercados e infraestruturas" (Geels, 2019, p. 187). São mudanças que envolvem grupos sociais múltiplos, engajados em atividades diversas, a partir de um vasto conjunto de regras, instituições e sistemas de crenças e normas (Geels, 2019). Em outras palavras, por mais insuficientes que se mostrem as mudanças incrementais, nada indica que situações de súbita ruptura tenham o condão de promover transformações construtivas em direção ao desenvolvimento sustentável.

A ideia central deste capítulo é que o sistema agroalimentar global e, mais ainda, o brasileiro (que ocupa seu epicentro) se encontram em condições especialmente favoráveis para enfrentar essa tensão. O inegável sucesso das instituições e das práticas produtivas a que a Revolução Verde deu lugar consagrou a nível mundial um conjunto de tecnologias, de interesses e de visões sobre as necessidades alimentares da humanidade, cuja crise hoje é internacionalmente reconhecida (HLPE, 2020). Ao mesmo tempo, desde seu início e até mesmo durante sua gestação (como bem mostra o livro de Charles C. Mann, *The Wizard and the Prophet*, de 2018, em torno das figuras diametralmente opostas de Norman Borlaug e William Vogt), a Revolução Verde sempre foi contestada, sendo imenso o esforço de propor e levar adiante alternativas à visão de mundo em que ela se baseava. Embora essas alternativas ainda operem como nichos, sua força hoje vai além de movimentos sociais e começa a se exprimir (mesmo que com pouca adesão) no mundo dos negócios, nas escolas de agronomia e nas organizações nacionais e internacionais de pesquisa agropecuária.

O século XXI marca o reconhecimento global da ameaça que as tecnologias características do crescimento agropecuário representam, desde o final da Segunda Guerra Mundial, para a própria segurança alimentar, por seus impactos nas mudanças climáticas, na oferta de água, na biodiversidade e na poluição. Esse reconhecimento, entretanto, não se traduz automaticamente em caminhos alternativos. A introdução do plantio direto, por exemplo, exaltada frequentemente (Folke *et al.*, 2010) como mudança substantiva e até como "revolução agrária" (Fowler; Rockstrom, 2001), foi um meio de luta contra a erosão dos solos, mas sobre a base das tecnologias típicas da Revolução Verde (Friends of the Earth, 2025).

Um dos mais importantes vetores da transição é que os custos do sistema agroalimentar atual vêm se tornando fonte de instabilidade e de queda de renda para os agricultores. Ao mesmo tempo, novas tecnologias estão emergindo, ainda com adoção minoritária, mas que já representam uma possibilidade real de transformação dos padrões produtivos. Também, no que se refere ao consumo alimentar, o avanço dos produtos ultraprocessados, o excesso no consumo de carnes e as doenças daí decorrentes têm pressionado os sistemas públicos de saúde de forma inédita nos últimos vinte anos. Em outras palavras, o sucesso dos padrões de produção e de consumo alimentar do século XX tornou-se, nos dias de hoje, um grande fator de pressão sobre os orçamentos públicos de saúde, um dos principais vetores da crise ambiental e uma ameaça à própria segurança alimentar.

As perdas de safra, o horizonte de escassez de água, a potencial contribuição das criações animais concentracionárias às zoonoses e a pandemia mundial de obesidade mostram bem a urgência da transformação (Abramovay *et al.*, 2024), que, no entanto, longe de ser um evento súbito e repentino, está emergindo de um conjunto de intervenções sociotécnicas de diferentes níveis, que envolve tanto o potencial de generalização das inovações hoje em situação de nicho como transformações nas instituições, nas crenças e nas próprias concepções sobre as atividades empresariais ligadas ao sistema agroalimentar. Justamente porque o risco da atividade agropecuária, em função de oscilações de mercado e de agentes naturais, é um fator de inércia diante da adoção de inovações tecnológicas e pode limitar seu potencial, elas só poderão prosperar se estiverem combinadas com as mudanças de natureza política e cultural capazes de estabilizar o horizonte no qual elas venham a ser crescentemente adotadas.

É imensa a literatura científica em torno dessa tensão entre a urgência e a natureza emergente e processual das transformações, mas, desde 2009, a Sustainability Transitions Research Network (STRN, [2025a]) tem reunido um vasto conjunto de trabalhos sobre as transições para a sustentabilidade vindos de algumas das organizações de pesquisa mais relevantes globalmente. As ideias mais importantes levantadas pela rede serão resumidas a seguir, pois servem de base para as indicações sobre a transição pela qual já passa o sistema agroalimentar brasileiro. Na verdade, esta é a agenda básica de pesquisa da Cátedra Josué de Castro, da Universidade de São Paulo (USP), e do recém-criado Instituto Nacional de Ciência e Tecnologia (INCT), ao qual os autores deste livro estão ligados: "Superar a monotonia do sistema agroalimentar".

No próximo tópico deste capítulo, será feita uma breve apresentação das categorias centrais empregadas pela STRN. Em seguida, o texto apresentará a tríplice monotonia do sistema agroalimentar global, apontando também algumas características do Brasil. Além disso, serão ilustrados os impasses a que o modelo sociotécnico hoje dominante tem levado, para indicar, na sequência, de forma muito inicial, alguns dos caminhos que a transição está tomando e quais os desafios para que ela seja acelerada e possa superar certas ambiguidades que marcam a trajetória em curso. As considerações finais do texto levantam questões que tanto a pesquisa científica como as políticas públicas devem enfrentar para a emergência de um sistema agroalimentar saudável e sustentável.

Para uma teoria da transição

O livro de Geels e Turnheim, *The great reconfiguration*, de 2022, procura sintetizar os avanços teóricos do estudo das transições para a sustentabilidade desde o início da segunda década do milênio. Ele se volta a três processos de transição na Grã-Bretanha (aquecimento de imóveis, energia e mobilidade), mas sua abordagem sintetiza o que de mais importante se produziu até hoje no que se refere aos caminhos da transição e é útil para o exame das transições do sistema agroalimentar. O livro define as transições como "processos dispersos que podem mudar de forma cumulativa os elementos e as arquiteturas dos sistemas existentes" (Geels; Turnheim, 2022, p. xiv).

Inspirados no título do clássico de Karl Polanyi, *A grande transformação*, Geels e Turnheim batizaram seu livro de "A grande reconfiguração". A expressão envolve uma crítica a duas vertentes contemporâneas sobre a transição socioambiental.

A primeira é a que acredita que as forças de mercado, juntamente com a pesquisa, serão suficientes para sinalizar aos atores econômicos a inviabilidade das formas atuais de uso dos recursos e, assim, estimular as alternativas. Por essa visão, "as transições são determinadas pelo desenvolvimento e pela adoção mercantil de tecnologias de baixo carbono que vão substancialmente diminuir a intensidade-carbono dos sistemas de provisão na energia, na mobilidade, na alimentação e na produção industrial" (Geels; Turnheim, 2022, p. 3). Os instrumentos fundamentais da mudança, sob essa perspectiva, são a pesquisa, os subsídios às tecnologias baseadas em energia renovável e a precificação do carbono. O pressuposto básico dessa posição é que empresas, investidores e usuários tomarão decisões racionais a partir das informações vindas do sistema de preços. Ela tende a subestimar as dimensões sociais, políticas ou comportamentais dos atores. É uma visão linear em que a pesquisa abre oportunidades que as empresas aproveitam, o que conduziria à transformação. Além disso, não valoriza de maneira adequada o papel das formas de regulação estatal e incentivos públicos, nem as iniciativas de atores que não estão no mundo do mercado e das empresas – e, com isso, não leva em conta as inovações vindas de organizações de base ou mesmo de comunidades tradicionais. É na oferta de energia que se encontra a expressão mais emblemática dos limites dessa visão. Embora a oferta de energias renováveis modernas (eólica, solar, biocombustíveis) tenha crescido cinquenta vezes nas últimas duas décadas, a participação dos combustíveis fósseis na matriz energética global caiu de 87% para apenas 85%, e a maior parte deste declínio se deve a hidrelétricas e não a fontes renováveis modernas (Smil, 2022, p. 216).

A segunda vertente é chamada por Geels e Turnheim (2022, p. 3) de revolucionária. É uma corrente de pensamento fértil no exame estrutural dos diferentes sistemas de provisão de bens e serviços dos quais dependem as sociedades humanas (Fanning; O'Neil; Büchs, 2020), enfatizando o poder e a dominação que os caracterizam. Essa corrente é marcada também pela crítica aos padrões atuais de consumo e ao próprio crescimento econômico e seu sentido. Na visão de Geels e Turnheim, porém, trata-se de uma concepção que não incorpora suficientemente as experiências concretas dos atores e, sobretudo, que acaba sendo reducionista, por não levar em consideração os processos reais de avanços e recuos promovidos por diferentes forças sociais e as diferentes oportunidades que derivam dessas inovações sociotécnicas. Em última análise, falta a essa corrente a própria ideia de transição, que é subsumida na noção de ruptura, vista como premissa para a mudança almejada.

Como alternativa a essas duas visões polares, os autores propõem a ideia de *reconfiguração*, noção adequada para analisar mudanças sistêmicas de largo alcance a partir de entidades heterogêneas, combinando forças sociais e eventos diversos. Sua ênfase está nos estudos das transições sociotécnicas dos sistemas de provisão. É uma abordagem que se apoia na sociologia da inovação e na economia evolucionária, mas que também enfatiza o papel decisivo dos atores sociais, de sua organização e de sua visão de mundo. Os sistemas sociotécnicos são conceitualizados como "configurações heterogêneas de elementos que incluem artefatos técnicos, conhecimentos científicos, estruturas industriais, mercados, padrões de consumo, infraestrutura, política e significados culturais" (Geels; Turnheim, 2022, p. 5).

Essas transições sociotécnicas, na visão de Geels e Turnheim, têm as seguintes características:

a. Elas são multidimensionais e passam por processos coevolutivos, envolvendo interações entre diferentes dimensões sociotécnicas. Elas não se reduzem às tecnologias e aos incentivos econômicos, tampouco ao estudo geral das macroestruturas de dominação isoladamente: o estudo das transições se apoia nas interdependências entre esses componentes.

b. Elas são multiatores e não se limitam ao que fazem as empresas e os usuários, mas envolvem também movimentos sociais: o exemplo da força recentemente adquirida pelas propostas da agroecologia é emblemático para o sistema agroalimentar, pois colocam em disputa o próprio significado e os objetivos da transição.
c. As transições sociotécnicas, embora realidades emergentes pelas quais "navegam" os atores, são orientadas por objetivos. Nesse sentido, o papel das políticas públicas é crucial, pois são elas que estabelecem regulação, padrões, impostos, subsídios, autorizações e proibições sobre o uso dos recursos (a começar – o que é essencial no caso do sistema agroalimentar brasileiro – pelos recursos fundiários e pela vegetação neles existente).
d. Resistência, conflitos e lutas são inerentes à transição, uma vez que, com imensa frequência, as aspirações socioambientais contrariam interesses dos setores incumbentes. Um dos mais claros exemplos dessa característica é a discussão em torno do caráter aberto ou de propriedade restrita das bioinovações voltadas a substituir as bases técnicas do crescimento agropecuário convencional.
e. São processos de longo prazo, apesar da urgência com que se mobilizam as forças sociais que querem implementar a transição.
f. Por fim, as transições socioambientais contemporâneas são processos marcados por não linearidade, por incerteza e pela amplitude de seus resultados. Isso significa reconhecer a existência de múltiplas possíveis trajetórias de transição.

Com base nessas características, Geels e Turnheim mostram que os sistemas sociotécnicos existentes se estabilizam por aquilo que os institucionalistas chamam de mecanismos de *lock-in* ("travas"), os quais "constrangem os atores incumbentes e orientam suas atividades em direção a mudanças incrementais, mais que a transformações radicais" (Geels; Turnheim, 2022, p. 10). Isso envolve infraestruturas e mercados existentes em cada região, mecanismos e bloqueios cognitivos sobre as rotinas dos diferentes atores, como mostram os estudiosos da inovação, e instituições que estabelecem padrões e estimulam ou bloqueiam inovações emergentes. São esses mecanismos e bloqueios que explicam por que as transições não ocorrem facilmente, ou por que elas não são apenas reações ao aumento dos custos imposto aos produtores pelo esgotamento dos sistemas dominantes.

A ênfase da abordagem de Geels e Turnheim está na ideia de que inovações radicais são as raízes das transições que emergem inicialmente em pequenos nichos, por meio de atividades pioneiras de empreendedores, startups, ativistas ou outros. É impossível conhecer de antemão (daí o caráter não linear das transições contemporâneas) se, quando e como essas inovações de nicho vão crescer e se afirmar como alternativas aos modos dominantes de operar. Isso não depende apenas de mercados, mas também da força do ativismo, das políticas públicas e da própria maneira como os atores experimentam a consistência e as bases culturais de suas práticas.

Essa abordagem abre caminho à análise dos processos reais de transição. A STRN se organiza a partir de grupos de pesquisa com temas nada convencionais, como Art-Science ["Arte-Ciência", em tradução livre] ou Destabilization to Phase-Out ["Desestabilização para Eliminação Gradual"]. O grupo voltado às transições no sistema agroalimentar, o Agro-Food Transitions Group, sintetiza as características que funcionam como pré-condições para as transições. Trata-se da:

> [...] combinação de um sistema vigente de "agricultura convencional", que está sob pressão crescente, e uma variedade cada vez maior de nichos que experimentam novas práticas agrícolas sustentáveis, com atenção à fertilidade do solo, à biodiversidade, aos aspectos ecológicos, às novas práticas agroalimentares e à gestão da cadeia de suprimentos, do campo ao prato. (STRN, [2025b])

O grupo sublinha, com razão, que uma diferença importante entre as transições no sistema agroalimentar, em comparação às de outros sistemas de provisão (como os de energia, mobilidade ou construção civil), é que o sistema agroalimentar é composto por milhões de agricultores ao redor do mundo. Sem o conhecimento dos fatores que podem bloquear ou, ao contrário, estimular que alterem suas práticas, não há chances de transições em direção à sustentabilidade. A isso se deve acrescentar que, por se tratar do sistema agroalimentar (e não exclusivamente da atividade de produção agropecuária), a transição envolve igualmente milhões de unidades comerciais e estabelecimentos de distribuição da alimentação, bem como toda a estrutura de produção industrial, as políticas públicas e a própria cultura culinária de cada região.

Um aspecto crítico nessa abordagem diz respeito a como esses nichos podem romper seu isolamento. Isso não ocorre de modo espontâneo ou puramente por fatores de mercado. O papel dos atores e das intervenções políticas e estruturais é decisivo. Ao longo de sua produção científica, as críticas recebidas pelos componentes da STRN foram incorporadas no livro de Geels e Turnheim, que passaram a equilibrar aspectos ascendentes (*bottom up*) e descendentes (*top down*) em sua abordagem (Smith; Stirling; Berkhout, 2005; Genus; Coles, 2008), enfatizando a necessidade de levar em conta a complexidade de práticas, interesses e concepções de uso dos recursos responsáveis por orientar a dinâmica das forças sociais que disputam o sentido dessa transição (Shove; Walker, 2007).

Em termos empíricos, um bom exemplo de como se combinam aspectos ascendentes e descendentes é o Guia Alimentar para a População Brasileira, que tem contribuído não só a ampliar a discussão sobre os danos advindos do consumo de ultraprocessados e do excesso da ingestão de produtos animais, como também tem sido bem-sucedido na introdução de orientações para as práticas cotidianas de escolas e outros estabelecimentos públicos. Elaborado com base em rigorosa pesquisa científica, o guia conta até hoje com forte apoio de organizações da sociedade civil e foi um dos fatores que contribuíram para que o tema dos ultraprocessados chegasse (e não só no Brasil) de forma massificada à opinião pública. Isso não significa que os padrões alimentares já obedeçam, de forma generalizada, ao que ele preconiza, mas significa que a ideia de uma alimentação saudável vem deixando de ser um nicho. Ao mesmo tempo, corroborando as características das transições sociotécnicas listadas anteriormente, é nítido o empenho da indústria em desqualificar as bases científicas da urgência de combater o avanço dos ultraprocessados.

Esse é apenas um exemplo de como a paisagem mais ampla na qual o sistema agroalimentar global está imerso já pressiona de maneira irreversível por mudanças práticas que introduzam a biodiversidade nas formas de produção e consumo. A crescente proliferação de nichos de inovação com respostas desse tipo é sinal de que eles já estão emergindo em contextos específicos com enorme potencial. Tudo depende, então, de uma melhor articulação entre processos que acontecem em diferentes níveis. Não é apenas a dinâmica local da experimentação que conta, ou a disponibilidade de um cardápio de tecnologias viáveis e promissoras ou de iniciativas tópicas e localizadas vinculando produtores orgânicos a consumidores desejosos de produtos de qualidade, mas também a legislação, as regras do comércio em grande escala e um conjunto de outros aspectos que aprisionam os nichos nos seus termos atuais e sustentam as práticas ainda dominantes, preservando os contornos gerais do regime em que se organiza o sistema agroalimentar global.

Essa articulação em diferentes escalas, para acontecer, envolve dois movimentos (Favareto; Caron, 2022). Por um lado, há um processo de aprendizagem e contaminação positivas de discursos e práticas de atores influentes, a partir dessas experiências inovadoras já existentes. Isso passa tanto por mecanismos mais formais, como ações de *advocacy* praticadas por lideranças de movimentos associados ou beneficiados por inovações emergentes, quanto por práticas mais fluidas, como aquela desempenhada por prestigiados influenciadores e seu impacto na valorização de hábitos culinários. Por outro, é fundamental um processo de regulação que favoreça a convergência (e não o antagonismo) entre o que acontece em diferentes escalas, com uma reorganização daquilo que Elinor Ostrom (2010) chamou de "governança policêntrica" – isto é, multinível e multiatores –, capaz de alinhar de maneira mais coerente as pressões que vêm ocorrendo desde a mudança na paisagem, as experimentações ainda restritas a nichos e a revisão dos dispositivos institucionais que hoje bloqueiam sua amplificação e impedem que elas se tornem um novo mainstream. É o caso do movimento ainda embrionário, mas certamente crescente, de introdução de critérios ambientais em regras de financiamento ou de comércio internacional, a partir da pressão de consumidores e do movimento ambientalista.

Como são várias as dimensões e os domínios em torno dos quais se estruturam o sistema agroalimentar e sua transição, este texto se concentra na análise do que se passa em um desses componentes: a produção agropecuária. Mas cabe assinalar que o combate aos ultraprocessados e ao excesso no consumo de carnes e o empenho para diversificar os padrões alimentares também são partes cruciais da transição. A cada um desses aspectos são dedicados outros capítulos deste volume. Por isso, o próximo item procura mostrar a introdução de biodiversidade no interior da produção agropecuária como o desafio sociotécnico mais importante e difícil da transição do sistema agroalimentar.

Ampliar o alcance da biodiversidade

É preocupante o contraste entre a atenção com que as organizações multilaterais, os governos, os movimentos sociais e as próprias entidades empresariais encaram a erosão da biodiversidade em áreas protegidas e o silêncio que cobre a destruição das fontes de vida no interior da produção agropecuária (Jago *et al.*, 2024; Khoury *et al.*, 2014). Esse abismo foi legitimado pelo ambiente institucional que deu lugar à Revolução Verde a partir dos anos 1960 e envolveu um conjunto de organizações governamentais e não governamentais (Fundação Rockefeller, Fundação Ford, Consultative Group of International Agricultural Research, entre outras), com resultados extraordinários no aumento das safras, na oferta crescente de produtos animais e na transformação dos padrões de consumo alimentar. Essa legitimação foi tamanha que os resultados produtivos de tal conjunto contribuíram decisivamente para que a fome no mundo, que atingia 1 em cada 3 habitantes ao final dos anos 1960, tenha sido reduzida hoje para um décimo da população mundial, embora seja vergonhoso que haja ainda 800 milhões de pessoas que não ingerem calorias em quantidade suficiente para satisfazer suas necessidades básicas.

Por mais diversas que sejam sua expressão regional e suas bases sociais, trata-se de um modelo produtivo cuja crítica foi magistralmente sintetizada, logo de sua emergência, por Rachel Carson em *Primavera silenciosa*, de 1962, do qual a editora Penguin publicou, em 2021, um trecho intitulado *Man's war against nature*: "A natureza introduziu grande variedade na paisagem, mas o homem manifesta uma paixão para simplificá-la" (2021, p. 10).

Essa simplificação teve duas expressões emblemáticas e correlacionadas. A primeira é o processo em que sementes selecionadas realizam sua alta potencialidade sob o efeito de fertilizantes sintéticos, em ambientes cuja monotonia propicia o ataque de plantas espontâneas (chamadas convencionalmente de ervas daninhas), de insetos e de fungos, que serão combatidos por meio de agrotóxicos, que Carson chamava, com razão, de biocidas (Zuza *et al.*, 2024). Naquilo que Rattan Lal (2024, p. 51) cunhou como "sementocentrismo", os solos vão perdendo sua biodiversidade e liberam carbono para a atmosfera, um conjunto que responde por diferentes formas de poluição e agressões à saúde humana. A destruição das espécies invertebradas, que, em sua interação com as plantas, os fungos e os animais, compõem a vida no solo, é uma das mais graves ameaças à espécie humana e a todos os animais vertebrados, como mostra Edward O. Wilson em um artigo de 1987 cujo título é um verdadeiro manifesto: "The little things that run the world (the importance and conservation of invertebrates)" ["As pequenas coisas que movem o mundo (a importância e conservação dos invertebrados)", em tradução livre]. Paul Hawken (2025, p. 156) mostra que 95% dos insetos são benéficos para os solos e as plantas e 90% deles estão dentro ou logo acima dos solos, cumprindo funções essenciais, como a polinização. A perda de diversidade nas colheitas se dá em três escalas: menor quantidade de espécies, menor variedade no interior das espécies e menor diversidade genética no interior das variedades. E é claro que a uniformidade genética torna as colheitas mais suscetíveis a estresse biótico ou abiótico (Khoury *et al.*, 2022). É o que Burilan *et al.* (2023) chamam de "armadilha da intensificação", que ocorre quando a perda de serviços ecossistêmicos (como a polinização ou a supressão natural de inimigos das plantas) contrabalança os benefícios dos modelos convencionais de intensificação produtiva, baseada no uso em larga escala de fertilizantes sintéticos e agrotóxicos.

A segunda expressão desse empenho em simplificar o sistema agroalimentar está na completa separação entre os animais de criação e os ambientes de que se origina sua alimentação. Essa separação é a imagem mais perfeita daquilo que Karl Marx (baseado nos trabalhos do químico Justus von Liebig) chamou de "ruptura metabólica" (Saito, 2023): a alimentação animal tem que vir de áreas distantes das criações e os animais deixam de desempenhar papéis importantes, tanto na fertilização dos solos como no desenvolvimento de fungos e bactérias em que se baseia a própria vida dos solos. Não há melhor exemplo da ruptura metabólica que marca o sistema agroalimentar global do que a dependência das criações animais concentracionárias da China (ver capítulo 2, neste volume) com relação à soja vinda dos Estados Unidos e da América do Sul. Assim como as plantas passam a depender de componentes que destroem a vida no solo, as criações concentracionárias de animais estabulados se apoiam também, estruturalmente, em medicamentos antimicrobianos, cujo uso em larga escala é uma das maiores ameaças contemporâneas à saúde pública (Abramovay, 2025; Albernaz-Gonçalves *et al.*, 2024).

É este o padrão produtivo que responde pelo fato de o sistema agroalimentar contribuir com quase um terço das emissões globais de gases de efeito estufa (Zurek *et al.*, 2022), por ele ter se convertido no maior vetor de erosão da biodiversidade (Díaz *et al.* 2019) e por diferentes formas de poluição que resultam de seu funcionamento. Por mais importantes que sejam a proteção e a ampliação das áreas naturais dos diferentes biomas, por mais promissoras que sejam as perspectivas de seu uso sustentável (Abramovay *et al.*, 2021) e apesar do papel decisivo que elas desempenham na oferta de serviços ecossistêmicos essenciais à produção agropecuária (a começar pela água), a destruição das fontes de vida nas paisagens agrícolas e nas criações animais é hoje a maior ameaça à segurança alimentar global. Essa ameaça se torna ainda maior diante da maior frequência e intensificação dos eventos climáticos extremos, com consequências socialmente destrutivas na própria oferta agropecuária e, por extensão, nos preços dos alimentos. Os ambientes agrícolas monótonos, marcados pela pobreza de sua biodiversidade, têm muito menor capacidade de manter suas funções produtivas diante de ondas de calor, de secas prolongadas ou do excesso de chuvas do que paisagens diversificadas (Kremen; Merenlender, 2018).

A agrobiodiversidade (e não a insistência no uso dos insumos que marcam a Revolução Verde, mesmo que esses insumos sejam produzidos com fontes renováveis de energia, como é o caso da chamada "amônia verde") é a base para ampliar a resiliência do sistema agroalimentar como um todo. A pergunta à qual, segundo Paul Hawken (2025), deveríamos submeter qualquer inovação tecnológica é: "cria mais ou menos vida?". Isso é especialmente importante para o sistema agroalimentar. Ou, como mostram Gutgesell *et al.* (2024, p. 2135), "a diversidade gera interações fracas (fluxos de energia) nas cadeias alimentares que contribuem para sua resiliência". Vai no mesmo sentido a constatação de Kremen e Merenlender (2018, p. 1) de que as áreas manejadas "podem ser usadas para conter altos níveis de biodiversidade, ao mesmo tempo que satisfazem necessidades humanas de forma sustentável".

Os países tropicais possuem condições favoráveis para que a biodiversidade e o fortalecimento da vida nos ambientes de produção agropecuária se tornem pilares centrais de seu crescimento e prosperidade. Eles são dotados de uma extraordinária riqueza natural, composta por elementos essenciais para a vida social contemporânea e que são a base material em que se apoiam a Agenda 21 e os dezessete Objetivos do Desenvolvimento Sustentável (ODS): florestas, solos, água, oceanos, clima, ar limpo e biodiversidade são recursos dos quais, muito mais que em momentos anteriores da história humana, a vida social depende. E a maneira como esses elementos são usados na produção agropecuária contemporânea nem de longe faz jus à sua importância estratégica.

Introduzir biodiversidade no interior da produção agropecuária, regenerar a vida dos solos, reduzir a distância física entre os animais e sua alimentação, estimulando modos de criação que enriqueçam a interação entre os animais, a vida do solo, os insetos, os fungos e as plantas: são estes os objetivos dos quais dependem a segurança alimentar global e a prosperidade dos territórios dotados desse conjunto de recursos.

O quadro fica incompleto se a ele não forem agregadas três dimensões essenciais.

A primeira se refere ao padrão de consumo alimentar a que ele dá lugar. A pergunta central é: a maneira como as sociedades contemporâneas estão extraindo, transformando, consumindo e descartando os recursos de que depende sua alimentação está conduzindo a uma melhora na vida social? Esta é a pergunta formulada no Global Resources Outlook 2024 (UNEP, 2024) e que inspira o estudo dos quatro "sistemas de provisão" responsáveis pelos impactos socioambientais mais relevantes na vida social contemporânea (Fanning; O'Neill; Büchs, 2020; Geels, 2019): mobilidade, ambientes construídos, energia e alimentação. No caso da alimentação, a resposta a essa pergunta é negativa: apesar da redução da fome durante a segunda metade do século XX, a extração de recursos conduz a sistemas de provisão cujos impactos sobre o bem-estar são altamente problemáticos.

A incidência de doenças não transmissíveis, como as cardíacas, o diabetes tipo 2 e vários tipos de câncer, dobrou desde os anos 1990, sobretudo nos países de renda baixa e média, e o consumo em larga escala de ultraprocessados está no centro dessa explosão. Este é um fenômeno mundial, com consequências drásticas sobre as desigualdades. Nada menos que 62% da população que sofre de obesidade encontra-se nos países em desenvolvimento, e 42% da população global não tem como adquirir uma dieta saudável. Nos países com as menores rendas, essa proporção chega a 90%. Com isso, as doenças não transmissíveis atingem mais aqueles que também têm menos chances de receberem tratamentos em saúde adequados (World Economic Forum, 2023).

A segunda razão que torna problemáticos os impactos dos serviços de provisão de alimentos no bem-estar é o desperdício. Cerca de um terço dos alimentos produzidos são descartados, seja por problemas ligados à distribuição (sobretudo nos países de baixa renda), seja no próprio consumo (sobretudo nos países de renda média e alta) (O'Connor, 2024).

Além do desperdício, o consumo de produtos animais (que são, na verdade, o epicentro do sistema agroalimentar global, ocupando a maior superfície das áreas cultivadas com grãos e pastagens) supera de longe as necessidades metabólicas das pessoas. Com exceção da África subsaariana e de algumas regiões asiáticas, o consumo de produtos animais é muito superior ao que requer uma vida saudável (Berners-Lee *et al.*, 2018; Abramovay *et al.*, 2025b).

O resultado desse conjunto de problemas socioambientais é que os custos ocultos do sistema agroalimentar (ou seja, seus impactos sobre o meio ambiente e a saúde humana, que não se incorporam ao sistema de preços) correspondem ao dobro daquilo que as sociedades contemporâneas pagam para se alimentar (FAO, 2023).

A terceira dimensão necessária para caracterizar o sistema agroalimentar contemporâneo e seu processo de transição se refere a poder e dominação. Quatro empresas (Archer Daniels Midland [ADM], Bunge, Cargill, e Louis Dreyfus) dominam mais de 90% do comércio contemporâneo de grãos (Blas; Farchy, 2021). A maior concentração na cadeia alimentar industrial está na genética de aves, dominada, globalmente, por três empresas (ETC Group, 2022). A esmagadora maioria da criação de aves e suínos é feita sob regime de integração contratual, em que as empresas fornecem os animais, os insumos e compram os produtos dos criadores que se submetem a pacotes tecnológicos sobre os quais não têm qualquer controle. No comércio de grãos, são as empresas que, em coordenação com agências multilaterais, governos nacionais e organizações financeiras, instalam algumas das infraestruturas básicas de comercialização, industrialização e transportes que vão incidir na própria localização dos produtos cultivados. As indústrias fornecedoras de insumos, máquinas e equipamentos não só são concentradas em poucas marcas, mas seu poder se exprime também no fato de que hoje, no Brasil, respondem por parte dos financiamentos agropecuários superior à dos bancos. A interação entre sementes selecionadas, fertilizantes sintéticos e agrotóxicos é enquadrada em um pacote de tecnologias fechadas, cuja adoção marca não só as grandes fazendas, mas também a parcela da agricultura familiar que responde pelo essencial da oferta agropecuária desse segmento.

Rotinas cognitivas em processo de transformação

Esse conjunto, formado por grandes empresas fornecedoras de máquinas e insumos, bancos (no caso brasileiro, inicialmente bancos públicos, mas hoje com participação decisiva de bancos privados), cooperativas, pesquisa agropecuária, extensão rural, companhias fornecedoras de sementes, tradings e agricultores, compôs, desde o final dos anos 1960, no Brasil, um ambiente cuja virtude era estabilizar os conhecimentos necessários às atividades produtivas e minimizar seus riscos. A própria expansão da fronteira agrícola em direção ao Centro-Oeste e à Amazônia apoiou-se nesse conjunto.

Foi graças a ele – mas também, é claro, graças à apropriação em larga escala de áreas públicas não demarcadas e ocupadas livremente ou adquiridas a preços reduzidos – que o Brasil realizou a mais importante revolução agrícola do mundo tropical, com a introdução da cultura de soja (e posteriormente também de milho e de algodão) no Cerrado, que se tornou o núcleo da produção brasileira de grãos e de sua imensa capacidade exportadora.

Esses conhecimentos se institucionalizam e operam como verdadeiras regras do jogo, norteando o comportamento não só dos produtores agropecuários, mas também dos bancos e dos agentes financeiros ligados aos fornecedores de máquinas e insumos, e determinam igualmente a direção dos subsídios públicos e da própria pesquisa.

Esse pacote sempre foi contestado por movimentos sociais, que alertavam contra seus impactos no agravamento das desigualdades, na expropriação de terras ocupadas por populações tradicionais e na destruição em seu entorno, no meio ambiente e na saúde humana. O surgimento de iniciativas empresariais voltadas à agricultura orgânica e à oferta de produtos animais que não envolvam criações industriais concentracionárias também é parte dessa contestação.

Mas, apesar desses protestos, não é excesso de generalização afirmar que o crescimento e a afirmação global da potência agropecuária brasileira se apoiaram em "rotinas cognitivas compartilhadas" (Gells; Schot, 2007) entre produtores e os demais atores sociais, sustentadas por regimes sociotécnicos que nortearam trajetórias e imprimiram coerência ao que eles fazem. As rotinas cognitivas que lhes dão fundamento são compostas por crenças e visões de mundo, por aquilo que Neil Fligstein (2001) chama de concepção de controle sobre a maneira correta de gerir um empreendimento e de apoiar seu desempenho.

Essas rotinas cognitivas compartilhadas, essa concepção sobre o que é a atividade agropecuária e como ela deve ser levada adiante e o sucesso econômico e tecnológico em que ela se apoiou na segunda metade do século XX entram em crise com o agravamento dos eventos climáticos extremos, aos quais as respostas oferecidas pelas técnicas produtivas dominantes são cada vez mais problemáticas. Os riscos tecnológicos envolvidos na monotonia das paisagens agrícolas, sobre a base do uso em larga escala de sementes selecionadas, fertilizantes sintéticos e agrotóxicos, são cada vez mais nítidos. A principal expressão desses riscos está na deterioração dos termos de troca dos produtos agropecuários com relação aos insumos dos quais eles dependem. São crescentes o desgaste dos solos e a resistência dos inimigos das plantas cultivadas aos produtos químicos voltados a combatê-los. Como previsto pelos grandes nomes que estudaram a agropecuária tropical (como Ana Primavesi, Adilson Paschoal e José Lutzenberger, por exemplo), o extermínio dos inimigos naturais das plantações por meios químicos acaba dando lugar a insetos, fungos e novas plantas resistentes a esses produtos, cujas doses de aplicação precisam ser ampliadas. Daí o aumento dos custos de produção a um ponto que não é nem de longe contrabalançado pela elevação dos preços agrícolas, ainda mais quando se junta a esse quadro a incidência crescente de eventos extremos como as secas que vêm atingindo o Cerrado e a Amazônia e as enchentes do Rio Grande do Sul.

O uso de fertilizantes sintéticos é um bom exemplo desses problemas, como mostra trabalho da Planet Tracker (2025). O Brasil importa 86% dos fertilizantes dos quais depende sua potência agropecuária. Se os produtos importados fossem incluídos no inventário brasileiro de emissões (o que não ocorre hoje), os fertilizantes sintéticos corresponderiam a 7% das emissões brasileiras de gases de efeito estufa. Além disso, é preciso ter em mente que nitrogênio e fósforo são dois elementos dos ciclos geoquímicos globais que já ultrapassaram as "fronteiras planetárias", com consequências drásticas sobre as águas, os sistemas marinhos e os níveis de emissão de óxido nitroso. A eutrofização e a hipóxia atingem treze locais do litoral brasileiro. A dependência em que se encontra a produção brasileira do uso de fertilizantes sintéticos é problemática também pelo fato de que cada unidade de produto é obtida, ao longo do tempo, com quantidades crescentes de fertilizantes (Planet Tracker, 2025). Aliás, este é um traço mais geral do uso de agroquímicos: entre 1961 e 2023, a população global aumentou 2,46 vezes. As tecnologias da Revolução Verde contribuíram para que o aumento na produção de cereais fosse de 3,3 vezes. Mas, em todo o mundo, nesse período, o uso de fertilizantes nitrogenados subiu 9,2 vezes, o de fósforo 5 vezes, o de potássio 4,8 vezes, e o de agrotóxicos 5,2 vezes (Lal, 2024, p. 51).

Trabalho recente do Instituto Escolhas mostra o Brasil como expressão emblemática do que Rattan Lal (2024) apresenta globalmente. Entre 1993 e 2023, a área plantada no país triplicou, enquanto a produção aumentou quase seis vezes. Mas, para alcançar esses resultados, o uso de fertilizantes sintéticos aumentou mais de sete vezes, e o de agrotóxicos, mais de vinte vezes. Em 1993, para cada quilo de agrotóxicos aplicado, o Brasil produzia 23 sacas de soja. Em 2023, esse total cai para sete sacas. Para cada tonelada de fósforo e potássio, o total produzido nesses trinta anos cai de 517 para 333 sacas de 60 kg de soja (Instituto Escolhas, 2025).

Esses dados são expressão dos custos socioambientais de tecnologias, mas também de "rotinas cognitivas compartilhadas", para voltar à expressão de Geels e Schot (2007), que vão perdendo legitimidade perante seus usuários imediatos (os agricultores), ainda mais porque seus custos pressionam crescentemente a renda obtida com a venda das safras.

Ambiguidades da atual transição

É um equívoco imaginar que os próprios agricultores, na verdade os mais atingidos pelo esgotamento dos padrões produtivos a partir dos quais organizam suas atividades, ficam impassíveis diante das ameaças que enfrentam.

De forma paradoxal, é preciso reconhecer que suas rotinas cognitivas, seus conhecimentos coletivos e as práticas das organizações a que estão ligados empurram-nos a se manter naquilo que sabem fazer e que, a seus olhos (e aos olhos dos que compõem o contexto em que estão inseridos), parece o mais seguro. O aparecimento de uma planta espontânea é frequentemente tratado com aplicações em doses bem acima do necessário para seu combate, mesmo sob as tecnologias convencionais. O sistema bancário e os financiadores ligados às indústrias de máquinas e insumos estimulam a manutenção dos hábitos produtivos consagrados, apesar de seus custos crescentes – e, muitas vezes, a assistência técnica que recebem vem dos técnicos comprometidos com a venda de insumos químicos.

Ao mesmo tempo, é importante mencionar uma espécie de válvula de escape no enfrentamento do esgotamento do padrão tecnológico da agricultura, sobretudo da produção de grãos. Essa válvula de escape reproduz a história daquilo que a sociologia rural chama de frentes de expansão da fronteira agrícola. Conforme vão se agravando os eventos extremos no sul do Brasil e no Cerrado, e à medida que se elevam os custos de produção, cresce a pressão para que os grãos avancem sobre áreas recentemente desmatadas, em especial na Amazônia. Segundo Frare (2023), não há como não reconhecer a baixa resiliência desse processo produtivo em função de características climáticas e, principalmente, dos solos das regiões para onde a soja tem se dirigido (Assad *et al.*, 2020). Nas áreas em que a soja ocupou até 60% dos espaços florestais, nos últimos anos a chuva caiu pela metade, como mostra trabalho de pesquisadores da UFMG (2023).

Por outro lado, há iniciativas relevantes vindas tanto da pesquisa agronômica como de organizações de agricultores buscando alternativas fora do padrão que dominou historicamente a expansão desse setor no país. São ainda iniciativas minoritárias, mas que estão abrindo caminho a um conjunto de inovações com chances reais de deixarem a condição de nicho. Serão citadas três delas, mas é importante mencionar que o INCT, do qual os autores deste livro participam, tem no estudo dessas iniciativas um de seus focos mais significativos.

A primeira delas é o Grupo Associado de Agricultura Regenerativa (GAAS). Nascido no coração da produção brasileira de soja e milho, o grupo tem como meta "ajudar os agricultores a obter independência dos 'pacotes prontos', caros e muitas vezes inadequados às condições tropicais de produção" (GAAS, [2021]). O GAAS desenvolve a ideia de agricultura *tropical* regenerativa em torno de cinco princípios: solo vivo como fundamento; gestão integrada do agroecossistema; rentabilidade regenerativa e circular; redes colaborativas e insumos regionais; e mercados valorizados e comunidade forte. Fica nítido que não se trata de aumentar a eficiência dos padrões produtivos atuais, e sim de fortalecer a biodiversidade no interior da produção agropecuária, o que é o contrário do que prevaleceu até aqui no pensamento agronômico contemporâneo (Kavamura *et al.*, 2020), cuja atenção voltou-se sempre ao que está acima do solo e quase nada à relação entre microrganismos, fungos e raízes das plantas. "O modelo agrícola convencional, baseado em paradigmas industriais, apresenta limitações cada vez mais evidentes, que pedem mudança" (GAAS, [2025], p. 4). Além dos impactos ambientais, como degradação dos solos, perda de biodiversidade e contaminação de recursos hídricos, observa-se também a crescente vulnerabilidade econômica dos produtores diante das oscilações de preços de insumos importantes e das consequências das mudanças climáticas (GAAS, [2025], p. 4-5). E toda a ênfase é colocada nas oportunidades que se abrem ao Brasil como protagonista global da emergência desta agricultura tropical regenerativa que, em sua essência, reproduz princípios já afirmados no discurso agroecológico, antes mais distante das lideranças empresariais.

Um dos aspectos mais interessantes do GAAS como um todo é sua composição política. Apesar da natureza profundamente transformadora de suas propostas, o grupo reúne e valoriza figuras politicamente importantes do modelo que ele próprio critica. Transição não é ruptura. É, para usar a expressão de Geels e Turnheim (2022), reconfiguração. Não se trata de complacência, e sim da necessidade de mobilizar forças cujo prestígio e experiência podem ser fator decisivo na difusão e na adoção das inovações sociotécnicas sintetizadas na ideia de agricultura tropical regenerativa.

A segunda iniciativa que aponta no sentido da transição é a da pecuária bovina, que responde globalmente por quase metade das emissões de gases de efeito estufa do sistema agroalimentar em função tanto das emissões de metano como de seu vínculo com a destruição florestal (Cheng *et al.*, 2022). A pesquisa da Empresa Brasileira de Pesquisa Agropecuária (Embrapa) do Acre, por meio do método Guaxupé, resultou em técnicas de aumento do teor nutricional e da resistência das pastagens a seus inimigos naturais, utilizando tanto a introdução de leguminosas em seu interior (amendoim forrageiro, por exemplo) como a diversificação das pastagens (Costa *et al.*, 2024; ver também capítulo 4, neste volume). Métodos de fertilização apoiados na concentração dos animais durante algumas horas em determinadas áreas também oferecem resultados agronômicos e produtivos positivos. Plantios arbóreos nas pastagens ampliam a resistência do gado ao calor e contribuem para captar gases de efeito estufa – claro que isso se combina com melhoria genética do rebanho. A transformação de áreas de pastagens naturais em cultura de grãos ou de eucaliptos sacrifica serviços ecossistêmicos baseados na interação entre os microrganismos, a diversidade de plantas e os grandes animais. A impressionante riqueza biológica do Pampa brasileiro, descrita de forma minuciosa por Bianca Andrade *et al.* (2023), depende em grande parte de seus sistemas de criação bovina.

Mas também na Amazônia, em que se concentram 40% do maior rebanho bovino comercial do mundo, métodos regenerativos de criação podem aumentar significativamente a produção por área, contribuindo assim à dissociação da atividade pecuária do desmatamento (ver capítulo 4, neste volume). É um método típico de agricultura tropical, no qual se reduz o custo de oportunidade da alimentação animal, já que, mesmo em sua fase imediatamente anterior ao abate, a alimentação dos bovinos pode contar com produtos forrageiros locais e dispensar o confinamento e o uso de alimentos que concorrem com a alimentação humana (Andrade, C. *et al.*, 2023). O mais importante nos métodos inovadores que, sob liderança da Embrapa, marcam parte minoritária, mas crescente da pecuária bovina brasileira, é que se trata de reunificar e valorizar as funções ecossistêmicas oferecidas por grandes animais na regeneração da vida do solo, na riqueza das plantas (diversificadas) resultantes dessa regeneração e nos resultados econômicos desse conjunto (Leroy *et al.*, 2022; Abramovay *et al.*, 2025b).

A terceira iniciativa que sugere uma reconfiguração é a dos bioinsumos, em que o Brasil tem hoje papel de liderança global (Goulet, 2021). É de grande relevância, nesse sentido, o trabalho da Secretaria de Inovação, Desenvolvimento Sustentável, Irrigação e Cooperativismo (SDI) do Ministério da Agricultura e Pecuária (Mapa) sobre bioinsumos em gramíneas, cujo objetivo é oferecer "alternativas a fertilizantes químicos para gramíneas" (Brasil, 2024). Como bem mostrou o estudo da Planet Tracker (2025), é grande a dependência das gramíneas de fertilizantes nitrogenados (ao contrário do que ocorre com a soja, que já possui aptidão natural para fixação biológica do nitrogênio).

O ponto central nesse trabalho do Mapa é a ideia de que a função principal dos bioinsumos não é a de substituir simplesmente os insumos químicos, com os quais há gastos crescentes por parte dos produtores, mas, sim, aumentar a disponibilidade de nutrientes no fortalecimento da própria vida no solo, ou seja, da relação entre microrganismos, raízes e plantas. Diferentes modalidades de bioinsumos já são aplicadas em 10 milhões de hectares em áreas cultivadas no Brasil. Dos 3 bilhões de reais gastos com bioinsumos no Brasil, em 2023, 78% derivam do uso de bionematicidas, bioinseticidas e biofungicidas, e 22% vêm do emprego de bioinoculantes para melhorar o crescimento das plantas. Os bioinoculantes já são usados em 40 milhões de hectares (Brasil 2024, p. 20) e, segundo pesquisa da McKinsey (Brennan *et al.*, 2023), por 36% dos agricultores brasileiros. Cabe assinalar o potencial, já comprovado por iniciativas em fazendas, dos bioinsumos em substituição aos fertilizantes nitrogenados na cana-de-açúcar (Brasil, 2024, p. 92), o que abre caminho para reverter a ausência de desacoplamento entre produção e uso de fertilizantes nitrogenados, documentado pelo estudo da Planet Tracker (2025) e pelo trabalho do Instituto Escolhas (2025).

Considerações finais

Estão esgotados os fundamentos sociotécnicos que suportam a capacidade da agropecuária brasileira de abastecer o mercado interno e, ao mesmo tempo, afirmar-se como protagonista decisivo do sistema agroalimentar global no decorrer das próximas décadas. No entanto, o empenho em contestar a moratória da soja, a presença crescente de grãos em áreas da Amazônia, onde sua cultura é de baixa resiliência, e o avanço no uso de fertilizantes sintéticos e agrotóxicos em proporções maiores que o crescimento da produção marcam ainda a maior parte da produção brasileira de grãos. O uso generalizado de inoculantes que reduzem a necessidade de fertilizantes nitrogenados para a soja é um sinal importante de transformação, no entanto, não significa que as práticas produtivas e as orientações técnicas recebidas pelos agricultores já sejam capazes de regenerar a vida dos solos e a biodiversidade que os métodos prevalecentes até aqui sistematicamente destruíram.

Ao mesmo tempo, surgem iniciativas e, sobretudo, organizações como o GAAS, as quais, coordenadas com a pesquisa científica, estão colocando o Brasil na vanguarda tecnológica da agricultura tropical regenerativa. Fortalecer a biodiversidade no interior das culturas agrícolas e romper com o paradigma constitutivo da Revolução Verde (que se concentrou naquilo que está acima do solo e não na relação entre insetos, fungos, microrganismos e as raízes das plantas) é um desafio que está sendo enfrentado por agricultores, pela pesquisa e por um conjunto expressivo de empresas privadas de tecnologia.

Reconfiguração é um recurso heurístico para a compreensão das ambiguidades, das tensões, das idas e voltas desse processo que não é, e não será, linear. Sem a ambição de ser exaustivo, apresentam-se aqui cinco dimensões importantes dessa reconfiguração, as quais tanto a pesquisa como o próprio processo por que passa o sistema agroalimentar devem aprofundar:

1. Como bem mostram Walton *et al.* (2025), o esgotamento das bases sociotécnicas do sistema agroalimentar ameaça o valor dos ativos materiais e financeiros nos quais o sistema se apoiou globalmente até aqui e que correm o risco de serem convertidos em *stranded assets* ("ativos inviabilizados"). Mas é claro que os detentores desses ativos não esperam passivamente sua destruição. No caso da agricultura

tropical regenerativa, não são os incumbentes que lideram a pesquisa em torno de tecnologias regenerativas. Ao contrário, eles atuam, com frequência, no sentido de promover melhorias compatíveis com o poder que exercem sobre o setor e, consequentemente, de retardar o processo de transição. Será importante acompanhar o destino de seus "ativos imobilizados", conforme avança a reconfiguração do sistema agroalimentar. Há um contraste entre as conquistas técnicas que abrem caminho à pecuária bovina regenerativa e o predomínio de métodos convencionais na produção de aves e suínos. Este último segmento permanece altamente dependente do uso em larga escala de antibióticos (ver capítulo 3, neste volume), os quais acabam se convertendo em vetores da resistência antimicrobiana, uma das maiores preocupações da Organização Mundial da Saúde (OMS). Parte desse problema pode ser enfrentado por medidas de higiene e por redução na concentração de animais, como já feito em vários países da União Europeia (Silva *et al.*, 2025).

2. O sistema agroalimentar global organiza-se hoje com base na radical separação entre os animais de criação e suas fontes de alimentação. Os serviços ecossistêmicos advindos da interação de microrganismos, fungos, insetos e plantas com pisoteio e dejetos de animais ruminantes deixam de ser oferecidos no caso dos monogástricos, pois há um fosso entre os animais e os locais onde se cultivam os alimentos que vão se converter em rações. Por mais que avancem os métodos da agricultura tropical regenerativa, seus produtos (a começar pelo mais importante deles, a soja) são componentes centrais dessa separação. Se na pecuária bovina as pastagens naturais e as técnicas introduzidas pelo método Guaxupé fortalecem a interação virtuosa que

resulta em mais vida no solo, nada semelhante existe com relação às aves, produto animal cujo consumo mais cresce no mundo. A busca de bem-estar animal, nesse sentido, envolve não apenas uma preocupação ética, mas constitui, sobretudo, um dos mais importantes componentes da ideia de Saúde Única. Fortalecer a pesquisa e acompanhar as iniciativas nessa direção é um dos temas mais importantes da agenda de pesquisas sobre transição agroalimentar atualmente.

3. A pesquisa científica brasileira desempenhou papel decisivo no empenho em reduzir drasticamente, em todo o mundo, o consumo alimentar de produtos ultraprocessados (Monteiro *et al.*, 2015). No Brasil, os resultados desse empenho se exprimem no vínculo entre pesquisadores, gestores públicos, chefs de cozinha e orientações governamentais, com expressão emblemática no Guia Alimentar para a População Brasileira, que pode ser considerado como um dos exemplos mais significativos do que Geels e Turnheim (2022) chamam de reconfiguração.
4. Um dos maiores desafios para o avanço da transição para a agricultura tropical regenerativa reside no fato de o setor bancário estar voltado de forma esmagadoramente majoritária a fortalecer os métodos produtivos característicos da Revolução Verde. Na verdade, a agricultura tropical regenerativa supõe uma infraestrutura financeira, de pesquisa e de mecanização muito longe da existente hoje. O estudo da reconfiguração do sistema agroalimentar exige o acompanhamento das mudanças pelas quais esses segmentos vão passar.

O contraste entre o atraso contido na contestação à moratória da soja, por um lado, e, por outro, a formação de organizações com forte participação empresarial com objetivos transformadores inequívocos, como o GAAS, são uma das mais completas manifestações das tensões e do caráter não linear da grande reconfiguração do sistema agroalimentar no Brasil e no mundo. Dos quatro sistemas de provisão nos quais se concentra a maior parte dos recursos em que se apoia a reprodução social, a alimentação (e a agropecuária que lhe fornece os materiais básicos) é aquele cuja reconfiguração tem as maiores chances não só de desafiar poderes incumbentes, mas também de descentralizar o progresso técnico que, até aqui, tem se concentrado de maneira quase monopolista em um punhado de poderosas empresas. Mais que isso, essa descentralização depende do reconhecimento de que é necessário interromper aquilo que Rachel Carson (2021) chamou de guerra à natureza. No século XXI, milhões de agricultores vão, cada vez mais, submeter suas práticas produtivas às exigências desse novo ator político que é a própria natureza (Abramovay, 2025).

Referências

ABRAMOVAY, R. A natureza como ator político. **Ricardo Abramovay**, 21 maio. 2025. Disponível em: https://ricardoabramovay.com/2025/05/a-natureza-como-ator-politico/. Acesso em: 6 ago. 2025.

ABRAMOVAY, R. *et al.* Diversity in agriculture and consumption: the basis for healthy and sustainable eating. *In*: KANT, A.; SARAN, S. (org.). **Bridging the ingenuity gap**: ideas for a vibrant G20. New Delhi: ORF; Global Policy Journal, 2024.

ABRAMOVAY, R. *et al.* O mito do déficit proteico. **Revista de Saúde Pública**, v. 59, p. e21, 2025a.

ABRAMOVAY, R. *et al.* (org.). The new bioeconomy in the Amazon: opportunities and challenges for a healthy standing forest and flowing rivers. *In*: SCIENCE PANEL FOR THE AMAZON (SPA). **Amazon Assessment Report 2021**. New York: United Nations Sustainable Development Solutions Network, 2021.

ABRAMOVAY, R. *et al.* Pecuária bovina regenerativa na América Latina e no Caribe, muito além do oximoro. **Revista de Economia e Sociologia Rural**, v. 63, p. e289950, 2025b.

ABRAMOVAY, R. Excesso de antibióticos na carne impulsiona superbactérias e ameaça saúde pública. **Ricardo Abramovay**, 6 dez. 2024. Disponível em: https://ricardoabramovay.com/2024/12/excesso-de-antibioticos-na-carne-impulsiona-superbacterias-e-ameaca-saude-publica/. Acesso em: 6 ago. 2025.

ALBERNAZ-GONÇALVEZ, R. *et al.* Animal welfare for a healthy and sustainable agrifood system. *In*: **T20 Policy Brief**: Task Force 01 – Fighting Inequalities, Poverty, and Hunger. [*S. l.*]: T20 Brasil, 2024.

ANDRADE, B. O. *et al.* 12,500+ and counting: biodiversity of the Brazilian Pampa. **Frontiers of Biogeography**, v. 15, n. 2, p. e59288, 2023.

ANDRADE, C. M. S. de *et al.* **Sistema Guaxupé**: modelo de intensificação sustentável da pecuária de corte baseado em pastagens permanentes de alta performance, ricas em leguminosas. Brasília, DF: Embrapa, 2023.

ASSAD, E. D. *et al.* Efeito das mudanças climáticas na agricultura do Cerrado. *In*: BOLFE, É. L.; SANO, E. E.; CAMPOS, S K. (org.). **Dinâmica agrícola no cerrado**: análises e projeções. Brasília, DF: Embrapa, 2020. v. 1.

BERKES, F.; FOLKE, C.; COLDING, J. **Linking social and ecological systems**: management practices and social mechanisms for building resilience. Cambridge: Cambridge University Press, 2000.

BERNERS-LEE, M. *et al.* Current global food production is sufficient to meet human nutritional needs in 2050 provided there is radical societal adaptation. **Elementa: Science of the Anthropocene**, v. 6, p. 52, 2018.

BLAS, J.; FARCHY, J. **The world for sale**: money, power and the traders who barter the Earth's resources. London: Random House, 2021.

BRASIL. Ministério da Agricultura e Pecuária. Secretaria de Inovação, Desenvolvimento Sustentável, Irrigação e Cooperativismo. **Bioinsumos como alternativa a fertilizantes químicos em gramíneas**: uma análise sobre aspectos de inovação do setor. Brasília, DF: Mapa; SDI, 2024.

BRENNAN, T. *et al.* Building food and agriculture businesses for a green future. **McKinsey & Company**, 19 set. 2023. Disponível em: https://www.mckinsey.com/industries/agriculture/our-insights/building-food-and-agriculture-businesses-for-a-green-future. Acesso em: 19 ago. 2025.

BURIAN, A. *et al*. Biodiversity-production feedback effects lead to intensification traps in agricultural landscapes. **Nature Ecology & Evolution**, v. 8, p. 752-760, 2023.

CARSON, R. **Man's war against nature**. London: Penguin Random House, 2021.

CHENG, M. *et al*. Climate change and livestock production: a literature review. **Atmosphere**, v. 13, n. 1, p. 140, 2022.

COSTA, M. P. da. *et al*. Methods for seedling production and establishment of forage peanut in an intercropping with BRS Tamani grass. **Revista Brasileira de Saúde e Produção Animal**, v. 25, p. e20240006, 2024.

DÍAZ, S. *et al*. (org.). **Global assessment report of the Intergovernmental Science-Policy Platform on Biodiversity and Ecosystem Services**. Bonn: IPBES Secretariat, 2019.

ETC GROUP. **Livestock genetics**. Montréal: ETC Group, 2022.

FANNING, A. L.; O'NEIL, D. W.; BÜCHS, M. Provisioning systems for a good life within planetary boundaries. **Global Environmental Change**, v. 64, 102135, 2020.

FAVARETO, A.; CARON, P. Articulating local and global processes to ensure the governance of food systems. *In*: REIS, C.; BERINGER, T. (org.). **South-North dialogues on democracy, development and sustainability**. London: Routledge, 2022.

FLIGSTEIN, N. **The architecture of markets**: an economic sociology of twenty-first-century capitalist societies. Princeton: Princeton University Press, 2001.

FOLKE, C. *et al*. Resilience thinking: integrating resilience, adaptability and transformability. **Ecology and Society**, v. 15, n. 4, 2010.

FOOD AND AGRICULTURE ORGANIZATION OF THE UNITED NATIONS (FAO). **The state of food and agriculture 2023**: revealing the true cost of food to transform agrifood systems. Rome: FAO, 2023.

FOWLER, R.; ROCKSTROM, J. Conservation tillage for sustainable agriculture: an agrarian revolution gathers momentum in Africa. **Soil and Tillage Research**, v. 61, n. 1-2, p. 93-108, 2001.

FRARE, J. C. V. *et al*. Bioeconomy in the Amazon: importance of soil organic matter for the maintenance of production systems. **Research, Society and Development**, v. 12, n. 2, p. e28512240261, 2023.

FRIENDS OF THE EARTH. Rethinking No-Till. **Friends of the Earth**, 2025. Disponível em: https://foe.org/resources/rethinking-no-till/. Acesso em: 2 set. 2025.

GEELS, F. W. *et al.* Sociotechnical transitions for deep decarbonization. **Science**, v. 357, n. 6358, p. 1242-1244, 2017.

GEELS, F. W. Socio-technical transitions to sustainability: a review of criticisms and elaborations of the Multi-Level Perspective. **Current Opinion in Environmental Sustainability**, v. 39, p. 187-201, 2019.

GEELS, F. W.; TURNHEIM, B. **The great reconfiguration**: a socio-technical analysis of low-carbon transitions in UK electricity, heat, and mobility systems. Cambridge: Cambridge University Press, 2022.

GEELS, F. W.; SCHOT, J. Typology of sociotechnical transition pathways. **Research Policy**, v. 36, n. 3, p. 399-417, 2007.

GENUS, A.; COLES, A. M. Rethinking the Multi-Level Perspective of technological transitions. **Research Policy**, v. 37, n. 9, p. 1436-1445, 2008.

GOULET, F. Biological inputs and agricultural policies in South America: between disruptive innovation and continuity. **Perspective**, v. 55, 2021.

GRUPO ASSOCIADO DE AGRICULTURA SUSTENTÁVEL (GAAS). **Conceito e implementação da agricultura tropical regenerativa no Brasil**. [2025]. No prelo.

GRUPO ASSOCIADO DE AGRICULTURA SUSTENTÁVEL (GAAS). Sobre o GAAS. **GAAS Brasil**, [2021]. Disponível em: https://gaasbrasil.com.br/sobre-o-gaas/. Acesso em: 8 set. 2025.

GUTGESELL, M. *et al.* The productivity-stability trade-off in global food systems. **Nature Ecology & Evolution**, v. 8, p. 2135-2149, 2024.

HAWKEN, P. **Carbon**: the book of life. New York: Viking, 2025.

HERRFAHRDT-PÄHLE, E. *et al.* Sustainability transformations: socio-political shocks as opportunities for governance transitions. **Global Environmental Change**, v. 63, p. 102097, 2020.

HIGH LEVEL PANEL OF EXPERTS (HLPE). **Food security and nutrition**: building a global narrative towards 2030. Roma: CFS-HLPE, 2020.

INSTITUTO ESCOLHAS. Brasil como líder mundial em produção de soja: até quando e a que custo? Relatório Técnico. **Instituto Escolhas**, jun. 2025. Disponível em: https://escolhas.org/wp-content/uploads/2025/06/Sumario_Brasil-como-lider-mundial-em-producao-de-soja.pdf. Acesso em: 11 ago. 2025.

JAGO, S. *et al.* Adapting wild biodiversity conservation approaches to conserve agrobiodiversity. **Nature Sustainability**, v. 7, p. 1385-1394, 19 set. 2024.

KAVAMURA, V. N. *et al.* Wheat dwarfing influences selection of the rhizosphere microbiome. **Scientific Reports**, v. 10, n. 1452, 2020.

KHOURY, C. K. *et al.* Crop genetic erosion: understanding and responding to loss of crop diversity. **New Phytologist**, v. 233, n. 1, p. 84-118, jan. 2022.

KHOURY, C. K. *et al.* Increasing homogeneity in global food supplies and the implications for food security. **Sustainability Science**, v. 111, n. 11, p. 4001-4006, 2014.

KREMEN, C.; MERENLENDER, A. M. Landscapes that work for biodiversity and people. **Science**, v. 362, n. 6412, p. eaau6020, 2018.

LAL, R. Regenerative management of agroecosystem soils to minimise extinction risks and for climate and food security. *In*: D'SILVA, J. MCKENNA, C. (org.). **Regenerative farming and sustainable diets**: human, animal and planetary health. Londres: Routledge, 2024.

LEROY, F. *et al.* Animal board invited review: animal source foods in healthy, sustainable, and ethical diets – an argument against drastic limitation of livestock in the food system. **Animal**, v. 16, n. 3, p. 100457, 2022.

MANN, C. C. **The Wizard and the Prophet**: two remarkable scientists and their dueling visions to shape tomorrow's world. New York: Alfred A. Knopf, 2018.

MONTEIRO, C. A. *et al.* Dietary guidelines to nourish humanity and the planet in the twenty-first century. A blueprint from Brazil. **Public Health Nutrition**, v. 18, n. 13, p. 2311-2322, 2015.

O'CONNOR, C. **UNEP food waste index report 2024**. 2024. Disponível em: https://unstats.un.org/unsd/envstats/fdes/EGES11/9UNEP_Food%20Waste%20Index.pdf. Acesso em: 11 ago. 2025.

OSTROM, E. Beyond markets and states: polycentric governance of complex economic systems. **American Economic Review**, v. 100, n. 3, p. 641-672, 2010.

PEREIRA, L. M. *et al.* Designing transformative spaces for sustainability in social-ecological systems. **Ecology and Society**, v. 23, n. 4, p. 32, 2018.

PLANET TRACKER. **Brazil's fertiliser risks**: identifying innovation and investment opportunities. London: Planet Tracker, 2025.

PLANET TRACKER. **Food giants & fertiliser risk**: a call for greater corporate disclosure. London: Planet Tracker, 2024.

POLANYI, K. **A grande transformação**: as origens políticas e econômicas de nossa época. Tradução de Vera Ribeiro. Rio de Janeiro: Contraponto Editora, 2021.

SAITO, K. **Marx in the Anthropocene**: towards the idea of degrowth communism. Cambridge: Cambridge University Press, 2023.

SCOONES, I.; LEACH, M.; NEWELL, P. **The politics of green transformations**. New York: Earthscan Routledge, 2015.

SHOVE, E.; WALKER, G. Caution! Transitions ahead: politics, practice, and sustainable transition management. **Environment and Planning A**, v. 39, n. 4, p. 763-770, 2007.

SILVA, R. A. *et al.* A viabilidade da produção de aves e suínos não deve (e não pode) depender de antibióticos. **Redes – Revista do Desenvolvimento Regional**, v. 30, n. 1, 2025.

SMIL, V. **How the world really works**: a scientist's guide to our past, present and future. London: Penguin Books Limited, 2022.

SMITH, A.; STIRLING, A.; BERKHOUT, F. The governance of sustainable socio-technical transitions. **Research Policy**, v. 34, n. 10, p. 1491-1510, 2005.

SUSTAINABILITY TRANSITIONS RESEARCH NETWORK (STRN). About. **STRN**, [2025a]. Disponível em: https://transitionsnetwork.org/about. Acesso em: 13 ago. 2025.

SUSTAINABILITY TRANSITIONS RESEARCH NETWORK (STRN). Agro-food transitions group (AFTG). **STRN**, [2025b]. Disponível em: https://transitionsnetwork.org/thematic-groups/transitions-in-agro-food-systems-aftg/. Acesso em: 13 ago. 2025.

SUSTAINABILITY TRANSITIONS RESEARCH NETWORK (STRN). Homepage. **STRN**, [2025c]. Disponível em: https://transitionsnetwork.org/. Acesso em: 11 ago. 2025.

SUSTAINABILITY TRANSITIONS RESEARCH NETWORK (STRN). Institutional members. **STRN**, [2025d]. Disponível em: https://transitionsnetwork.org/about/institutional-members/. Acesso em: 11 ago. 2025.

UNITED NATIONS ENVIRONMENT PROGRAMME (UNEP). **Global Resources Outlook 2024**: bend the trend – pathways to a liveable planet as resource use spikes. Nairobi: UNEP, 2024.

UNIVERSIDADE FEDERAL DE MINAS GERAIS (UFMG). Expansão do agronegócio na Amazônia e no Cerrado gera perdas econômicas, revela pesquisa. **UFMG**, 20 nov. 2023. Disponível em: https://ufmg.br/comunicacao/noticias/expansao-do-agronegocio-na-amazonia-e-no-cerrado-gera-perdas-economicas-revela-pesquisa. Acesso em: 11 ago. 2025.

WALTON, S. *et al.* Asset stranding could open new pathways to food systems transformation. **Nature Food**, v. 6, p. 440-445, 2025.

WILSON, E. O. The little things that run the world (the importance and conservation of invertebrates). **Conservation Biology**, v. 1, n. 4, p. 344-346, 1987.

WORLD ECONOMIC FORUM. **Transforming the global food system for human health and resilience**: insight report. Geneva: World Economic Forum, 2023.

ZUREK, M. *et al.* Climate change and the urgency to transform food systems. **Science**, v. 376, n. 6600, p. 1416-1421, 2022.

ZUZA, E. Jr. *et al.* Crop species diversity: a key strategy for sustainable food system transformation and climate resilience. **Food and Energy Security**, v. 13, n. 3, e558, 2024.

2. A MONOTONIA NAS PRODUÇÕES AGRÍCOLAS

Ludmila Rattis, Álvaro Maia Batista, Bárbara Guedes,
Filipe Arruda, Vanessa Ribeiro, André Andrade, Taiza Lopes,
Isabela Filgueira, Elisângela Rocha, Antônio Silveiro,
Marília Lourenço e Bianca Rebelatto

Introdução

A paisagem agrícola do Brasil, outrora um vibrante mosaico de sabores e tradições, está sendo reduzida a uma melodia monótona, tocada incessantemente para saciar o apetite do mercado, majoritariamente o chinês. Como uma escultura minimalista composta por formas idênticas e repetitivas, a diversidade da agricultura brasileira está sendo achatada em uma coluna contínua de mesmice, cada safra ecoando a anterior, ditada por ritmos de mercado distantes. As chamadas Rotas de Integração Latino-Americana prometem progresso econômico, mas, na verdade, voltam-se fundamentalmente a fortalecer a posição dos países da região como exportadores de commodities para a China. O desfecho ainda é incerto: o Brasil alcançará um equilíbrio harmonioso ou o sistema entrará em colapso, colocando em risco tanto o meio ambiente quanto a sociedade?

Neste capítulo, abordamos quatro aspectos da monotonia agrícola, com suas causas e consequências. Começamos falando sobre os custos da monotonia para a natureza e para a paisagem. Aproximadamente 64% da soja importada pela China vem do Brasil, enquanto 73% da soja brasileira exportada vai para a China.

E a qual custo? Exportamos terra, água e perda de biodiversidade. Na segunda seção, discutimos como a monotonia agrícola no Brasil é uma consequência estrutural de um modelo agroexportador que compromete a resiliência socioambiental, marginaliza práticas tradicionais e agrava desigualdades no campo. Na terceira seção, abordamos o uso intensivo de insumos químicos na agricultura brasileira, que não só compromete o ambiente e a saúde pública, como também pressiona economicamente os produtores – exigindo novas estratégias para um sistema mais eficiente e sustentável. Mas há caminhos para a mudança, e já começamos a trilhá-los. Na quarta seção, apontamos como o uso eficiente da água, a adoção de bioinsumos, os mecanismos financeiros de apoio a boas práticas e a transparência no reporte dos riscos já estão trazendo uma nova realidade. Além disso, mostramos como diversificar a agricultura brasileira além da soja representa uma oportunidade estratégica de impulsionar inovação, agregar valor, reduzir impactos ambientais e fortalecer cadeias produtivas sustentáveis para os mercados do futuro. A necessidade de diversificação urge para nos alimentar, para resolvermos a crise climática e superarmos a monotonia. Simplificamos o sistema e agora precisamos de uma solução multissetorial, participativa e global, o que é discutido na última seção.

Exportando terra e natureza: os custos da integração agroexportadora sino-brasileira

A demanda de proteínas vegetais para os sistemas concentracionários de produção animal na Ásia converteu-se no mais importante vetor da monotonia agrícola brasileira, com consequências fundamentais para a ocupação do território e para as infraestruturas instaladas e planejadas no Brasil tanto pelo setor público como pelo setor privado. Há uma forte e crescente dependência econômica, especialmente entre Brasil e China, guiada pelo comércio de soja. Como esta soja entra no território chinês principalmente para alimentação de suínos, criou-se um complexo de commodities altamente interdependente e singular entre os dois países. Essa relação influenciou significativamente o desenvolvimento da agricultura brasileira e o planejamento de sua infraestrutura. A área brasileira sob cultivo de soja subiu de 23 para 37 milhões de hectares entre 2005 e 2020 (Ali *et al.*, 2022), o que aumentou o desmatamento no bioma Cerrado; substituiu áreas de primeira safra ocupadas por outras culturas, como o milho; impulsionou o aprimoramento das redes de transporte, da capacidade de armazenamento de grãos e de unidades de processamento agroindustriais (Lopes; Oliveira, 2017); e ampliou a importação virtual de terra, a qual, segundo Ali *et al.* (2022), é a quantidade de terra agrícola usada em outro país para produzir bens agrícolas que serão consumidos internamente por quem importa, como ocorre na relação sino-brasileira, em que a área de soja virtualmente importada pela China saiu de 4 milhões em 2005 para 32 milhões de hectares em 2020 (Cao; Yuan, 2022). Isso significa que, para atender à demanda chinesa, o Brasil precisou dedicar cada vez mais área agrícola ao cultivo de soja, impactando diretamente o uso do solo brasileiro e as dinâmicas ambientais e econômicas locais.

Com destaque para regiões produtoras como Mato Grosso, Pará e outros estados nos biomas Amazônico e Cerrado, têm sido feitos investimentos significativos na infraestrutura rodoviária que conecta áreas de produção a portos de exportação. Também há um interesse renovado no uso de hidrovias e ferrovias como alternativa econômica para o transporte de longa distância (Lopes; Oliveira, 2017), redução de custos e aumento da eficiência. No armazenamento, há um crescente investimento em silos modernos para manter a qualidade dos grãos durante o transporte e a estocagem. Nos portos, há esforços para modernizar as instalações de carregamento e descarregamento a fim de reduzir os tempos de espera e aumentar a capacidade de escoamento da produção. Esses avanços são impulsionados por diversas ações de planejamento e financiamento, como a possibilidade de integração à Iniciativa Cinturão e Rota, da China, que poderia atrair novos investimentos em infraestrutura agrícola, e os créditos subsidiados oferecidos pelo governo brasileiro aos grandes produtores (Hearn, 2021). Além disso, o setor privado, especialmente investidores chineses, tem demonstrado interesse crescente no agronegócio brasileiro, por meio da aquisição de terras e da instalação de unidades de processamento. Estudos como o de Lopes e Oliveira (2017) mostram a importância da otimização logística para reduzir custos e aumentar a competitividade dos produtos brasileiros no mercado internacional.

Essa demanda chinesa por commodities agrícolas concentra-se primariamente em mercadorias de baixo valor agregado, impondo uma urgente reflexão sobre a sustentabilidade econômica dessa concentração diante das incertezas do cenário asiático. Do ponto de vista de demanda, esse panorama revela uma vulnerabilidade estrutural: ao depender fortemente de um comprador dominante, como a China, os países exportadores, como o Brasil, ficam expostos às oscilações de demanda provocadas por mudanças econômicas, políticas, comerciais, surtos sanitários ou mesmo transformações no padrão alimentar chinês. Ademais, a exportação de commodities primárias, como a soja em grão, limita a geração de valor local e mantém o país preso a cadeias produtivas pouco diversificadas e sensíveis à volatilidade dos preços internacionais (Delgado, 2012), como vem ocorrendo, por exemplo, com as recentes ações tarifárias praticadas pelos Estados Unidos desde o início do segundo governo Trump sobre o mercado internacional de commodities. Analistas têm feito projeções sobre o impacto dessa movimentação na economia brasileira. A pergunta não é se, mas como, quando e em que proporção o Brasil será afetado pelas decisões de ambos os países sobre o aumento de tarifas imposto. Porém, antes que esse embate se iniciasse, diversos autores já se interessavam em responder como as mudanças projetadas nas taxas de crescimento econômico da China afetam os volumes de importação e os preços das commodities agrícolas brasileiras, como soja e carne bovina. Em geral, o crescimento econômico projetado da China tende a elevar a demanda por soja brasileira. Diversos estudos indicam que um aumento de 1% na renda chinesa está associado a um crescimento de aproximadamente 1,57% nas exportações agrícolas do Brasil, sendo a soja a principal responsável por essa alta.

Em determinados cenários simulados, estima-se que as exportações brasileiras de soja possam cair até 15,2% em condições climáticas com altas emissões de gases de efeito estufa (RCP 8.5 W/m^2). Consequentemente, a China enfrentaria uma redução em suas importações de soja do Brasil. Devido a essa diminuição nas importações, a oferta doméstica de soja na China poderia ser reduzida em 9,94 milhões de toneladas. Com isso, haveria ainda alguma redução na oferta de carne na China, compra de mercados alternativos ou aumento dos preços (Ali *et al.*, 2022). Como dito anteriormente, dados históricos mostram que, em 2009, a China importou 53,7% da soja mundial e, desde então, passou a adquirir consistentemente entre 64% e 73% de sua soja do Brasil. Em contraste, as análises sobre milho e carne bovina oferecem apenas percepções qualitativas. No caso da carne, as exportações demonstram ser sensíveis às variações de renda externa, mas inelásticas em relação às mudanças na produção (Figueiredo; Contini, 2013). Em suma, o crescimento econômico da China, considerada como país com alto risco de dependência em relação à soja, tende a beneficiar o Brasil, o qual teria cada vez mais oportunidades de aumentar a sua produção de exportação, caso a crise climática seja contundentemente enfrentada com estratégias de mitigação, em primeiro lugar, e de adaptação. Por outro lado, um decréscimo no ritmo de crescimento chinês, como o observado na década atual em relação à anterior, pode afetar negativamente o Brasil. Isso porque o perfil de exportações do Brasil para a China é fortemente concentrado em produtos primários, enquanto as exportações chinesas para o Brasil são, em sua maioria, de produtos manufaturados. Essa assimetria pode acelerar a desindustrialização do Brasil e dificultar seus esforços de aumentar a complexidade e a diversificação de sua economia.

Caso consigamos mitigar e adaptar o sistema agrícola brasileiro, estima-se que até 2040 a produção potencial de soja atinja mais de 140 milhões de toneladas em cenários otimistas de aumento de produtividade e, também, da expansão de terras cultivadas (Jiang *et al.*, 2025). No entanto, é uma realidade a busca pela redução da dependência de importação pela China, o que pode forçar o Brasil a adotar estratégias para amenizar possíveis impactos negativos de uma alteração nessa dinâmica de mercado, como a diversificação de seus produtos de exportação e a exploração de mercados alternativos na Ásia, a exemplo da Índia, que apresenta perspectivas de crescimento econômico (Souza *et al.*, 2024).

E diversificar contribui não só com a resiliência econômica, mas também ambiental. A rápida e monotônica expansão da infraestrutura em áreas ecologicamente sensíveis, como a Amazônia, levanta questionamentos sobre os efeitos de longo prazo dessas atividades (Abramovay *et al.*, 2022). A pressão por atender à demanda externa por proteínas vegetais, como a soja, tem gerado impactos significativos nos ecossistemas brasileiros, tornando-se um ponto central de atenção para formuladores de políticas, práticas ambientais e de pesquisas. Assim, o desafio que se impõe ao Brasil é equilibrar o crescimento da sua infraestrutura agrícola com a preservação ambiental e o desenvolvimento sustentável.

Com a crescente demanda por um único produto agrícola, que passa a ocupar cada vez mais a paisagem, a monotonia agrícola já se configura como um padrão bem estabelecido que resulta em impactos negativos para os serviços de utilidade da floresta, sendo conhecida como um dos vetores persistentes de desmatamento (Carreira; Costa; Pessoa, 2024). Nos trópicos, a agricultura de larga escala impulsiona diretamente até 65% do desmatamento que termina na conversão em terras agrícolas produtivas. Indiretamente, a participação do sistema de monocultivo chega a alcançar até 99% dos casos, e ganha mais força quando envolve a produção de soja para exportação (Pendrill *et al.*, 2022).

Esse sistema se inicia com a exploração seletiva de madeira de valor comercial, que frequentemente precede o desmatamento completo da área. Após a retirada da vegetação remanescente, o solo é convertido para usos agropecuários, e, com o tempo, essas áreas são transformadas em campos agrícolas, especialmente para o cultivo de soja, caracterizando um ciclo contínuo de expansão agrícola que contribui para a monotonia da paisagem (Domingues; Bermann, 2012). Rajão *et al.* (2020) estimam que cerca de 20% das exportações brasileiras de soja para a União Europeia estão potencialmente contaminadas por desmatamento ilegal, sendo que impressionantes 62% desse desmatamento se concentram em apenas 2% das propriedades. Essa concentração expõe uma vulnerabilidade sistêmica da cadeia de produção, na qual poucos atores têm grande impacto e a fiscalização insuficiente permite a persistência de práticas ilícitas.

A literatura aponta três evidências principais a esse respeito. Primeiro, a expansão da soja está associada a diferentes formas de desmatamento – direto (Lima, 2020), indireto (Oliveira, 2015) ou potencialmente ilegal (Rajão *et al.*, 2020) –, sobretudo quando integrada às cadeias globais de exportação. Segundo, fatores como a forte demanda internacional, a valorização das commodities agrícolas e a fragilidade na aplicação das leis ambientais criam um ambiente propício para a ilegalidade (Rajão *et al.*, 2020). E terceiro, o crédito rural pode incentivar a expansão da agricultura e, consequentemente, aumentar o desmatamento na Amazônia (Assunção *et al.*, 2020; Climate Policy Initiative, 2013), mas intervenções políticas bem desenhadas podem mitigar essa relação. Um exemplo é a série de políticas ambientais implementadas a partir de 2004 na Amazônia Legal que foram capazes de reduzir significativamente o vínculo entre preços internacionais da soja e o avanço do desmatamento. Ainda assim, os impactos dessas políticas não são uniformes em todo o território. Enquanto estudos como o de Assunção, Gandour e Rocha (2015) mostram que as políticas públicas conseguiram conter o desmatamento em certos períodos e regiões, trabalhos mais recentes, como o de Lima (2020), indicam que o desmatamento associado à soja continua avançando, especialmente em áreas com implementação deficiente ou onde há pressão fundiária intensa, como no Matopiba.

Além disso, o desmatamento raramente se dá de forma isolada: ele costuma estar associado a outras práticas, como a pecuária extensiva e a grilagem de terras (Oliveira, 2015), que por sua vez se articulam com a expansão da soja e com a infraestrutura logística construída para atender à demanda internacional. Municípios como Sorriso, em Mato Grosso, ilustram esse modelo de economia agrícola concentrada – ali, a soja representa de 75% a 90% do valor gerado pelo setor primário. Essa dependência econômica da monocultura não apenas compromete a resiliência ambiental, como também perpetua uma estrutura de desigualdade e vulnerabilidade social (Jacques; Jacques, 2012). Por fim, o papel dos mercados internacionais é central nessa dinâmica. O caso da União Europeia é emblemático: por um lado, ela é uma importante compradora da soja brasileira; por outro, pressões por maior rastreabilidade e sustentabilidade nas cadeias globais estão crescendo. A preocupação com produtos contaminados por desmatamento pode levar a boicotes, reformulações em acordos comerciais e adoção de critérios ambientais mais rígidos. Isso representa não apenas um risco comercial para o Brasil, mas também uma oportunidade: a de transformar a pressão externa em incentivo para uma agricultura mais sustentável, com mecanismos de monitoramento, fiscalização efetiva e incentivo à diversificação produtiva. Nas áreas desmatadas, a expansão da agricultura acaba por empobrecer os solos em função da monotonia e do consequente uso de agroquímicos, como fertilizantes e agrotóxicos, conduzindo à redução da biodiversidade. Em contrapartida, a diversidade de cultivo leva a uma desaceleração e até mesmo à reversão da degradação ambiental.

O acesso à terra nesse contexto é fortemente mediado por relações de poder e capital. Grandes investidores internacionais e produtores, muitas vezes vinculados ao agronegócio exportador, fazem parte dos agentes que detêm o acesso a grandes extensões de terra visando cada vez mais a produção de commodities como a soja. A chegada desses grandes agentes econômicos aumenta a demanda por terras e eleva seus preços (Sauer, 2018), o que estimula a remoção de cobertura vegetal remanescente em áreas consideradas aptas para a produção agrícola, intensificando o desmatamento mesmo em áreas públicas ou de titularidade indefinida (Benatti, 2005). Ao mesmo tempo, o avanço da monocultura pressiona pequenos proprietários a arrendar ou vender suas terras (Pitta; Mendonça; Stefano *et al.*, 2022), o que frequentemente culmina na migração desses produtores para outras regiões, ainda preservadas, onde replicam o modelo de expansão agrícola com base na abertura de novas áreas por meio do desmatamento (Sant'Anna; Young, 2010). Ademais, projetos rodoviários planejados para atender o escoamento de commodities resultam em uma corrida especulativa de terra, fazendo com que a posse de áreas leve a um lucro rápido, ligado ao aumento que o preço da terra terá quando a ocupação projetada do território estiver concluída (Fearnside, 2006).

Uniformidade no campo e na dieta

O Brasil sofre de um problema estrutural em seu sistema alimentar. De acordo com o Programa das Nações Unidas para o Meio Ambiente (Pnuma) (2019) o país abriga de 15% a 20% da diversidade biológica do planeta. No entanto, são evidentes os contrastes entre sua rica biodiversidade e a sua subutilização nos sistemas alimentares. Nota-se uma baixa disponibilidade de alimentos nativos na mesa da população: apenas 39 alimentos provenientes da biodiversidade brasileira (por exemplo, erva-mate, frutas/legumes nativos) estão disponíveis nas residências, representando apenas 0,4% da disponibilidade total de alimentos (Silva *et al.*, 2023). Estados como Acre e Alagoas têm um uso marginal maior de alimentos da biodiversidade (4,33 g e 10% da ingestão de vegetais), enquanto oito estados não reportam disponibilidade de vegetais nativos (Silva *et al.*, 2023). Outra controvérsia é a lacuna entre produção e conservação. Apesar das extensas áreas protegidas no Brasil (por exemplo, 27% do bioma Amazônico), a agrobiodiversidade na produção agrícola permanece baixa, alinhando-se à tendência global de dependência de poucas culturas alimentares básicas (Jones *et al.*, 2021). Comunidades tradicionais amazônicas (ribeirinhos) mantêm maior agrobiodiversidade por meio de trocas sociais de alimentos, mas a integração ao mercado reduz a diversidade alimentar (Schramski; Lima, 2022).

Outro problema trazido pela monotonia agrícola é a consequente homogeneização da paisagem devido à predominância de monoculturas extensivas da agricultura de larga escala. Isso significa dizer que, sobre grandes e repetidas áreas, ano após ano, as mesmas espécies são utilizadas para cultivo, resultando em largas extensões de terra uniformes em diversidade genética de cultivos. Esse modelo substitui a agricultura tradicional que, apesar de ainda se configurar como um ambiente antropogênico, realizava a manutenção da variabilidade genética, por meio do cultivo de variedades crioulas, por exemplo, que contribuem para a manutenção da diversidade genética e resiliência dos sistemas produtivos (Antunes, 2020). Além disso, a contaminação genética de variedades crioulas por transgênicos representa uma ameaça significativa. No semiárido brasileiro, 34% das amostras de milho crioulo apresentavam presença de proteínas geneticamente modificadas, indicando um fluxo gênico que compromete a identidade genética dessas variedades (Fernandes *et al.*, 2023).

Reduções na diversidade de culturas colocam em xeque a produtividade, a resiliência e a capacidade adaptativa da agricultura, e estão frequentemente associadas à adoção de práticas agrícolas homogêneas. A erosão genética significa perda progressiva de variedades locais, alelos e genótipos adaptados a condições específicas (Brown; Hodgkin, 2015), por serem constantemente substituídos por sementes comerciais padronizadas. Um estudo realizado na comunidade de Palmital dos Carvalhos, em Minas Gerais, identificou onze culturas em risco de extinção, atribuído à baixa produtividade, às mudanças climáticas e à falta de mão de obra, o que ressalta a necessidade urgente de estratégias de conservação (Oliveira *et al.*, 2024). Embora local, o estudo evidencia algo conhecido na ecologia como processo ecoevolutivo, no qual forças evolutivas relacionadas aos ambientes respondem à supressão da diversidade (Khoury *et al.*, 2022), levando a uma simplificação funcional, genética e filogenética. Assim, sabe-se que o estreitamento da base genética agrícola é uma resposta a um modelo baseado na concentração de terras e monocultura que simplifica os meios de fertilização do solo e de defesa das plantas e, consequentemente, contribui para a erosão genética (Ferreira *et al.*, 2016). A uniformidade genética, portanto, é promovida por políticas que privilegiam variedades homogêneas e estáveis. Contribuindo para o argumento de que o problema da monotonia é estrutural, a legislação brasileira de sementes (Brasil, 2003), ao exigir critérios de homogeneidade e estabilidade para o registro de cultivares, exclui muitas variedades locais, limita a agrobiodiversidade e favorece sistemas agrícolas menos resilientes (Santilli, 2012).

A monotonia agrícola consolida-se às custas das populações que tradicionalmente ocupavam as terras agora convertidas em monocultura, submetidas à constante pressão para vender ou arrendar suas propriedades (Sencébé; Pinton; Cazella, 2020). Essa lógica amplia a desigualdade de renda no meio rural, bem como compromete a permanência de sistemas agrícolas diversos voltados à subsistência e afeta diretamente a resiliência socioeconômica dessas comunidades. Dessa forma, o conceito de "desenvolvimento agrícola" permanece ambíguo enquanto não se esclarece a quem ele beneficia e quais indicadores devem ser utilizados para mensurá-lo, já que historicamente grandes produtores e empresas rurais demonstram dificuldade em lidar com agentes que expressam suas diversidades social, econômica e política (Costa, 2005).

Embora lideranças empresariais argumentem que o agronegócio impulsiona o dinamismo econômico de regiões prósperas (Abag, 2020), é necessário considerar os efeitos colaterais desse crescimento, como a aquisição sistemática de terras, o desfavorecimento e expulsão direta ou indireta de pequenos produtores, e o avanço do desmatamento (Figueiredo; Souza, 2016). Quanto maior a quantidade de área aberta para o monocultivo, maiores os índices de desemprego entre os jovens, contribuindo para indicadores de pobreza e desigualdade que refletem uma dinâmica econômica fortemente concentrada e especializada. Esse modelo apresenta baixa capacidade de geração de empregos e pouco contribui para o fortalecimento dos laços econômicos locais (Favareto *et al.*, 2019).

Insumos

Fertilizantes e agrotóxicos

O uso de fertilizantes e agrotóxicos aumentou exponencialmente no Brasil e no mundo, contrariando as promessas de redução associadas ao desenvolvimento de variedades geneticamente modificadas (GMO) (Pignati; Oliveira; Silva, 2014). No Brasil, estudos sobre a sojicultura indicam um uso elevado de insumos, embora com grande variabilidade metodológica e regional. Em 2023, os ingredientes ativos mais comercializados no país foram glifosato e seus sais, mancozebe e 2,4-D, os quais, além dos riscos à saúde humana, trazem consequências negativas para o agroecossistema, como alterações celulares e aumento da susceptibilidade a doenças em abelhas (Faita *et al.*, 2020). No Mato Grosso, Pignati, Oliveira e Silva (2014) mensuraram mensuraram e identificaram o uso de agrotóxicos a uma concentração de 12 L/ha na soja, sendo 60% herbicidas, enquanto Oliveira *et al.* (2018) relataram médias entre 350 L e 600 L por habitante. Em relação aos fertilizantes, os dados são mais escassos: o único estudo com quantificação direta que encontramos registrou aplicações de fósforo (P_2O_5) de até 400 kg/ha na região do Matopiba (Leite *et al.*, 2017). Entre 10 estudos analisados para este capítulo, 7 mencionam os principais princípios ativos, com destaque para o glifosato, citado em três deles, seguido por imidacloprido e combinações múltiplas. O uso intensivo desses insumos, especialmente no Mato Grosso e no Paraná, tem sido associado à degradação do solo e da água (Demambro; Pietrafesa; Rojas, 2021), à contaminação atmosférica por resíduos em água da chuva e à infiltração de agrotóxicos nos recursos hídricos (Pignati; Oliveira; Silva, 2014). Em junho de 2025, um estudo publicado pelo Instituto Escolhas apresentou um panorama histórico e nacional segundo o qual, entre 1993 e 2023, as taxas médias anuais de crescimento do uso de insumos e da produção de soja foram de 11% para agrotóxicos, 8% para fertilizantes (com dados até 2022), 7% para o volume de produção, 5% para a área plantada e apenas 2% para a produtividade. Em 2023, os produtores de soja utilizaram três vezes mais agrotóxicos e o dobro de fertilizantes químicos, em comparação a 1993, para alcançar a mesma quantidade de soja. Os impactos financeiros para o agricultor foram evidentes. Enquanto em 1993 o produtor precisaria de 11 sacas de soja para cobrir os custos com sementes, agrotóxicos e fertilizantes, em 2023 ele precisou de 23 sacas para arcar com os mesmos custos (Instituto Escolhas, 2025). O relatório foi embasado em números disponíveis indiretamente, como no caso dos agrotóxicos, cujas estatísticas foram calculadas com base na comercialização dos princípios ativos e não no uso direto. Os dados anuais da Companhia Nacional de Abastecimento (Conab) utilizados no relatório referem-se a 34 fazendas localizadas principalmente na região Sul do Brasil (Paraná, Santa Catarina e Rio Grande do Sul), uma amostra que não representa a totalidade da produção nacional. No entanto, os resultados lançam luz e apontam para duas necessidades: de maior transparência no uso de insumos, com um sistema nacional de coleta e processamento de dados; e de análise mais criteriosa do sistema de produção e de financiamento adotado hoje pelo Brasil. Um próximo passo seria calcular o viés do panorama apresentado: porteira adentro, e em cada região do país, o quanto da produtividade é explicada pelo uso de fertilizantes e agroquímicos e se a relação se sustenta ao longo do tempo.

Precisamos também olhar para o caso do nitrogênio (N). Mais da metade da população mundial é alimentada por culturas cultivadas com fertilizantes nitrogenados sintéticos, incluindo a soja (Zhang *et al.*, 2015), para cujo desenvolvimento o nitrogênio é um dos nutrientes mais requeridos. Para a produção de 1.000 kg de grãos de soja, são necessários aproximadamente 65 kg de nitrogênio, o que evidencia a elevada demanda desse nutriente pela planta ao longo do seu ciclo produtivo (Hungria; Campo; Mendes, 2001). Melhorar a eficiência do uso do nitrogênio – ou seja, a fração do nitrogênio aplicado que é colhida na forma de produto – é uma das maneiras mais eficazes de aumentar a produtividade agrícola ao mesmo tempo que se reduz a degradação ambiental (Davidson *et al.*, 2015). O padrão de uso elevado e ineficiente de insumos, citado por Zhang *et al.* (2015) em seu estudo global sobre manejo do nitrogênio para o desenvolvimento sustentável, caracteriza "sistemas agrícolas de alto insumo e baixa eficiência". A partir da análise do balanço de nitrogênio em diferentes países, Zhang *et al.* (2015) mostram que grande parte da agricultura mundial apresenta excedentes elevados de nitrogênio, com baixa eficiência de uso (NUE), resultando em impactos ambientais significativos, como contaminação da água, emissões de gases de efeito estufa e perda de biodiversidade.

Irrigação

Outra prática agrícola que precisa ser abordada é a irrigação, contudo há dúvidas quanto à sua viabilidade econômica e ambiental. Essa prática tem sido concebida como uma das principais estratégias para o enfrentamento de secas prolongadas e mudanças nos regimes de chuva, com encurtamento da estação chuvosa, menor disponibilidade hídrica e consequente diminuição da janela de plantio. A probabilidade de adoção da irrigação aumentará em todas as regiões brasileiras nas próximas décadas, e os agricultores mais capitalizados serão potencialmente menos afetados pelos efeitos das mudanças climáticas por terem maior capacidade de investir nessa tecnologia (Cunha *et al.*, 2014). Apesar dos benefícios potenciais, a viabilidade da irrigação como estratégia de adaptação enfrenta desafios significativos relacionados à disponibilidade de recursos hídricos, custos de instalação e operação e impactos ambientais. É crucial que a expansão da irrigação seja acompanhada de práticas sustentáveis de gestão da água para evitar a superexploração dos recursos hídricos e garantir a viabilidade a longo prazo.

A viabilidade econômica e ambiental da irrigação depende de uma série de fatores que envolvem tanto sinergias quanto possíveis conflitos. Do ponto de vista das sinergias, estudos mostram que o aumento da eficiência no uso da água pode gerar benefícios econômicos consideráveis. Osti *et al.* (2019) identificam profundidades ideais de irrigação que equilibram a eficiência hídrica e o retorno financeiro, enquanto Silva *et al.* (2020) demonstram que pode haver maior produtividade ao aplicar irrigação eficiente nas fases reprodutivas das culturas. Além disso, o reaproveitamento de recursos, como efluentes de piscicultura e águas residuárias, aponta para um alinhamento entre sustentabilidade ambiental e viabilidade econômica, ao reduzir ao mesmo tempo custos com fertilizantes e o impacto ambiental (Sátiro; Zacardi; Almeida Neto, 2022). Outro fator importante é o papel da inovação tecnológica: modelagens que otimizam o uso de insumos e aumentam a eficiência também têm se mostrado ferramentas-chave para unir objetivos econômicos e ambientais (Costa *et al.*, 2022). Adicionalmente, uma gestão integrada e adaptativa – como proposto por Santos *et al.* (2022) e no relatório Atlas Irrigação: uso da água na agricultura irrigada (Brasil, 2021) – permite maximizar benefícios e minimizar conflitos, reforçando a importância de políticas públicas que favoreçam práticas sustentáveis. Apesar dessas sinergias, conflitos e desafios persistem. Um dos principais obstáculos está nos elevados custos de investimento em infraestrutura de irrigação, o que limita o acesso por pequenos agricultores (Lindoso; Eiró; Rocha, 2016). Do mesmo modo, práticas inadequadas podem comprometer a qualidade da água com o aumento de resíduos e nutrientes em corpos hídricos, o que prejudica a sustentabilidade de longo prazo (Sales *et al.*, 2020).

A viabilidade da irrigação também varia conforme o contexto regional. Em regiões semiáridas, como mostram Silva *et al.* (2021), a irrigação pode ser decisiva para evitar perdas severas, justificando seu custo elevado. Já no Cerrado, estratégias pontuais de irrigação mostraram ganhos em produtividade e uso eficiente da água (Silva *et al.*, 2020). O relatório Atlas Irrigação: uso da água na agricultura irrigada (Brasil, 2021) evidencia ainda que soluções como pequenas barragens no sistema aquífero São Francisco podem ser eficazes quando adaptadas às condições locais. A sustentabilidade a longo prazo da irrigação depende de fatores como a gestão adaptativa diante das mudanças climáticas (Costa *et al.*, 2022), a conservação dos recursos hídricos (Silva *et al.*, 2021; Sátiro; Zacardi; Almeida Neto, 2022), e o cuidado com a saúde do solo, apontada por Nascimento *et al.* (2017) como um benefício da fertirrigação. Ademais, é fundamental garantir a viabilidade econômica contínua dessas práticas e implementar marcos regulatórios adequados, como discutido por Maffra e Souza (2018), para evitar o uso irregular de barragens e práticas predatórias. A irrigação pode ser uma estratégia econômica e ambientalmente viável para lidar com os impactos da crise climática sobre a agricultura, desde que aplicada com tecnologia apropriada, gestão adaptativa e consideração das especificidades regionais. O sucesso depende de políticas públicas eficazes, apoio técnico e financeiro a agricultores e uma visão integrada que busque sinergias entre produção e conservação ambiental.

Desafios impostos pelo clima

Estudos demonstram que a variabilidade na produtividade da soja e do milho está fortemente associada às flutuações interanuais do clima (Ray *et al.*, 2019), sendo os eventos extremos os principais responsáveis por falhas no crescimento das lavouras (Vogel *et al.*, 2021). Além disso, eventos compostos, simultâneos ou sequenciais também exercem influência significativa (Hamed *et al.*, 2021), e os efeitos vêm sendo intensificados pelas mudanças climáticas nas últimas décadas (Wolski *et al.*, 2020). Temperaturas mais altas encurtam a estação de crescimento, reduzindo a produtividade (Craufurd; Wheeler, 2009), enquanto episódios curtos de calor extremo podem comprometer o número de grãos por espiga (Semenov *et al.*, 2014). Na fronteira agrícola da Amazônia-Cerrado, 30% das propriedades rurais já estão fora das condições climáticas ideais (Rattis *et al.*, 2021). Simulações globais indicam que, para soja e milho, a produtividade média tende a diminuir em todos os cenários de aquecimento global, sendo o milho mais sensível do que a soja (Rose *et al.*, 2016). Sem adaptação, perdas superiores a 30% na produtividade do milho são estimadas com um aumento simulado de +1,5 °C. Com medidas adaptativas, perdas semelhantes só ocorrem em cenários mais extremos (+4 °C). Para a soja, ganhos modestos são possíveis sob aquecimento leve, mas perdas significativas (> 30%) são projetadas em cenários severos, com ou sem adaptação (Rose *et al.*, 2016). A substituição de culturas como soja e milho por espécies mais tolerantes à seca ou ao calor pode ser estratégica em regiões mais vulneráveis. Estudos sugerem que até dois terços dos danos causados pelas mudanças climáticas podem ser evitados por meio de uma troca eficaz de culturas (Costinot; Donaldson; Smith, 2016). Essa prática também pode melhorar a qualidade do solo, romper ciclos de pragas e ampliar o acesso a novos mercados. No entanto, sua efetividade depende de fatores como limiares climáticos, disponibilidade de sementes adaptadas, acesso a crédito e infraestrutura adequada.

Os caminhos da reversão da monotonia

Bioinsumos

A demanda por práticas sustentáveis na produção agrícola internacional tem crescido não apenas diante da instabilidade dos sistemas produtivos, provocada pelas mudanças climáticas, mas também em resposta aos crescentes impactos à saúde e ao meio ambiente associados aos modelos convencionais de produção (Yang, Y. *et al.*, 2024). Essas alterações climáticas comprometem a produtividade das lavouras e impactam o ciclo das pragas, alterando sua distribuição geográfica, sazonalidade e comportamento (Subedi; Poudel; Aryal, 2023). Para enfrentar esses desafios no manejo agrícola e, ao mesmo tempo, atender à crescente demanda por alternativas sustentáveis, os bioinsumos têm se consolidado como uma ferramenta estratégica.

Na safra 2023/2024, o mercado brasileiro de bioinsumos movimentou 5 bilhões de reais, o que representou um crescimento de 15% em relação à safra anterior (CropLife Brasil, 2024); desse total, 55% foram destinados à soja, evidenciando a importância dessa cultura no cenário nacional de bioinsumos. Destacam-se, nesse contexto, os biopesticidas, que utilizam microrganismos ou compostos naturais para o controle de espécies invasoras (Damalas; Koutroubas, 2018) e o controle biológico, que envolve o uso de inimigos naturais como fungos entomopatogênicos, bactérias e parasitoides para regular populações de insetos-praga (Elnahal *et al.*, 2022).

O cultivo da soja tem se beneficiado especialmente da inoculação com bactérias que promovem a fixação biológica de nitrogênio. No Brasil, cerca de 75% da área plantada com soja utiliza essa prática, destacando-se as bactérias dos gêneros *Bradyrhizobium* e *Azospirillum* (Santos; Nogueira; Hungria, 2019). Essa tecnologia permite a redução do uso de fertilizantes nitrogenados sintéticos, contribuindo para a diminuição de custos de produção e dos impactos ambientais associados ao uso de N-mineral (Meyer, 2022). Além dos inoculantes, o uso de bioinsumos no controle biológico de pragas, como a lagarta-da-soja (*Anticarsia gemmatalis*) e o mofo-branco (*Sclerotinia sclerotiorum*), é amplamente difundido, com destaque para o trabalho pioneiro da Embrapa Soja (Meyer, 2022). Atualmente, o Ministério da Agricultura e Pecuária (Mapa, 2024) registra diversos produtos biológicos, sendo os mais utilizados na cultura da soja os formulados a partir de fungos do gênero *Trichoderma* e de bactérias do gênero *Bacillus*, amplamente reconhecidos por sua eficácia no controle de pragas e doenças (Hungria; Nogueira; Araujo, 2015).

Embora desafiadora, a substituição de agrotóxicos pode se tornar viável no futuro. Porém, atualmente, o uso combinado de bioinsumos e agrotóxicos tem se mostrado a alternativa mais eficaz na agricultura em larga escala (Santos *et al.*, 2021). Para que essa integração funcione, é essencial garantir a compatibilidade entre os compostos, a fim de evitar que os químicos prejudiquem a ação de microrganismos benéficos (Meyer *et al.*, 2022). Um exemplo relevante desse desafio é o impacto dos pesticidas sobre inoculantes biológicos, cuja eficácia pode ser reduzida conforme o tempo de aplicação, formulação e exposição. De modo geral, quanto maior o número de pesticidas utilizados, maiores tendem a ser os danos à viabilidade dos microrganismos inoculados (Santos *et al.*, 2021). Além da compatibilidade direta entre biopesticidas e pesticidas, o uso combinado deve considerar a preservação de organismos benéficos nativos desses sistemas agrícolas, garantindo que as práticas adotadas favoreçam a resiliência e o equilíbrio ecológico do agroecossistema.

Transparência

Apesar da crescente atenção científica à compatibilidade entre bioinsumos e defensivos químicos no campo, pouco se sabe sobre como as empresas responsáveis por esses insumos – especialmente as de fertilizantes – comunicam os riscos associados ao seu uso. Há uma carência de estudos com foco exclusivo em empresas de fertilizantes e práticas de divulgação de seus riscos. No entanto, evidências de setores com características semelhantes indicam que as empresas fornecedoras de fertilizantes no Brasil provavelmente praticam algum tipo de divulgação de riscos (Bueno *et al.*, 2023). Essas divulgações tendem a se concentrar em áreas específicas – como riscos ambientais e climáticos –, variam em frequência e completude, com uma tendência a comunicar mais os aspectos positivos do que os negativos e, embora haja a divulgação de riscos em setores ligados à agricultura e à gestão ambiental, as práticas variam consideravelmente, sendo que, no setor agrícola, apenas 27,3% das empresas relatam riscos climáticos (Araújo *et al.*, 2022). Em empresas não financeiras, as divulgações de risco de mercado apresentam menos de 50% de conformidade, e as divulgações de riscos de negócios durante ofertas públicas iniciais (IPOs) têm, em média, uma pontuação de divulgação de 59% (Costa; Leal; Ponte, 2017).

A relação entre divulgação voluntária e desempenho financeiro tem se mostrado heterogênea entre os estudos, refletindo diferentes abordagens corporativas à responsabilização socioambiental. Fernandes (2012) identificou um desequilíbrio expressivo entre divulgações ambientais positivas (7.502) e negativas (742), sugerindo uma tendência das empresas em enfatizar ações ambientalmente responsáveis enquanto omitem ou minimizam impactos negativos. De forma semelhante, Rover, Borba e Murcia (2009) observaram que poucas práticas ambientais negativas são divulgadas voluntariamente, indicando um possível uso estratégico da transparência para proteger a imagem corporativa e, talvez, preservar lucros. Essa seletividade informacional pode enfraquecer a efetividade das divulgações como mecanismos de responsabilização. Além disso, Silva, Araújo e Santos (2018) encontraram uma relação negativa entre lucratividade e divulgação ambiental, enquanto Gomes *et al.* (2017) não identificaram relação significativa entre divulgação de riscos climáticos e retornos anormais de ações. De modo complementar, Silva e Muntaser (2020) relataram que a inclusão de uma seção específica para fatores de risco teve uma relação negativa e estatisticamente significativa com o custo de capital. Esses resultados sugerem que, embora a divulgação voluntária possa ser percebida como um sinal de compromisso com a sustentabilidade, seu impacto financeiro pode ser ambíguo, em especial quando há assimetrias na qualidade ou completude das informações divulgadas.

Diversificação

Essa complexidade na mensuração dos impactos da divulgação também se reflete na avaliação de práticas agrícolas sustentáveis, cujo desempenho – assim como na comunicação corporativa – depende de múltiplas variáveis contextuais e pode gerar benefícios que nem sempre são de imediato mensuráveis financeiramente.

Um exemplo é a rotação de culturas, que se configura como prática crucial para a agricultura sustentável no Brasil ao oferecer inúmeros benefícios para a conservação do solo e a produtividade das culturas. Ela melhora as propriedades físicas, químicas e biológicas do solo, favorece o ciclo de nutrientes e ajuda no controle de invasores, doenças e plantas espontâneas (Cândido *et al.*, 2021; Silva *et al.*, 2022). Enquanto sistemas de monocultura podem levar à degradação do solo, a rotação de culturas em sistemas de semeadura direta tem mostrado efeitos positivos na qualidade do solo e nos rendimentos das culturas (Franchini *et al.*, 2011). Estudos demonstraram que a rotação de culturas pode reduzir a severidade de doenças radiculares no trigo (Santos *et al.*, 1995) e aumentar a produtividade de arroz e milho em comparação com a monocultura (Mascarenhas *et al.*, 1998). No entanto, a eficácia da rotação de culturas depende de diversos fatores, incluindo condições edafoclimáticas e implementação adequadas (Fortini; Braga; Freitas, 2020). Apesar de seus benefícios, a adoção em larga escala da rotação de culturas na região do Cerrado ainda é limitada, com a monocultura de soja ou sucessão soja-milho ainda predominando (Silva *et al.*, 2022). Além disso, a simplificação da biodiversidade do solo dada pelo uso de agroquímicos e pela aplicação inadequada de fertilizantes diminui os benefícios dessas práticas.

Sistemas de rotação de culturas superam sistemas agrícolas monótonos em diversos indicadores de saúde do solo, apresentando maior biomassa microbiana, maior biodiversidade (Mayer *et al.*, 2019) e melhores características estruturais do solo (Manachini; Corsini; Bocchi, 2009). Experimentos de campo e de longo prazo indicam que sistemas com rotação de culturas apresentam de 28% a 112% mais carbono de biomassa microbiana e de 18% a 58% mais nitrogênio de biomassa microbiana do que monoculturas (McDaniel; Grandy, 2016). Ademais, a diversidade microbiana aumenta de 7% a 10% na escala do índice de Shannon-Wiener[1] (Yang, X. *et al.*, 2024), bem como a diversidade fúngica, com o índice chegando a 2,38, em comparação com valores tão baixos quanto 1,90 em monoculturas (Šeremešić *et al.*, 2024). Atividades enzimáticas mais intensas (Feng *et al.*, 2020), maior biomassa de minhocas (Vestberg; Kukkonen; Saari, 2002) e melhor estrutura da comunidade de nematoides também diferenciam os sistemas diversificados (Sibiya *et al.*, 2020). A intensidade da agricultura também é um fator-chave para a ocorrência de doenças de solo na soja, como a síndrome da morte súbita (*Fusarium crassistipitatum*), e da podridão cinzenta (*Macrophomina phaseolina*), que é maior sob o sistema de monocultura do que em sistemas consorciados com milho (Pérez-Brandán *et al.*, 2014).

---

[1] O índice de Shannon (ou Shannon-Wiener) é uma medida amplamente utilizada para quantificar a diversidade biológica em comunidades ecológicas. Ele leva em conta tanto o número de espécies (riqueza) quanto a distribuição dos indivíduos entre elas (equidade): quanto maior o valor, maior a diversidade e a estabilidade ecológica do ambiente.

As propriedades físicas do solo também melhoram com as práticas de rotação. Estudos documentam até 6,5% de aumento no carbono orgânico do solo, um incremento de 16% na capacidade de troca de cátions (CTC), maior estabilidade de agregados e maior capacidade de retenção de água (Yang, X. *et al.*, 2024), com redução na densidade do solo (Ouda; Zohry; Noreldin, 2018). A própria contribuição dos resíduos das culturas de rotação, como o milho e trigo, para a entrada de carbono no solo já eleva o rendimento da soja em até 52% em relação à soja contínua (Agomoh *et al.*, 2021), chegando a aumentar o valor nutricional em 11% – como observado no zinco – e a proteína do grão em 3% (Riedell; Osborne; Pikul, 2013). No entanto, o padrão de disponibilidade de nutrientes apresenta um panorama mais complexo. Em rotações estendidas, na pré-temporada de plantio da soja, pode haver uma quantidade relativamente grande de NO_3^- no solo. O volume desse resíduo irá depender do tipo de rotação adotada, mas deve ser levado em consideração, pois o nitrato em excesso no solo, além de não ser usado de forma eficiente pelas raízes da planta, ainda poderá ser lixiviado para o lençol freático (Jadoski *et al.*, 2010). Vestberg, Kukkonen e Saari (2002) observaram que, embora os sistemas de rotação orgânica apresentassem maiores teores de carbono orgânico do solo e maior capacidade de retenção de água, também mostraram níveis mais baixos de fósforo e potássio extraíveis em comparação com os sistemas convencionais. Isso destaca a necessidade de um manejo cuidadoso dos nutrientes em sistemas orgânicos e de baixo uso de insumos para manter níveis ótimos de fertilidade.

Diferentemente de florestas naturais, onde a heterogeneidade de paisagens eleva a biodiversidade e, como consequência, aumenta a produtividade (Estrada-Carmona *et al.*, 2022), em sistemas agrícolas essa relação é fortemente dependente do contexto, tipo de diversificação e intensidade de manejo (Rosa-Schleich *et al.*, 2019), escala temporal (Bowles *et al.*, 2020) e condições ambientais (Renard; Tilman 2019). Contudo, diversos estudos científicos documentam que há benefícios no aumento da diversidade em sistemas agrícolas (Ali; Al-Farga; Seddik, 2024; Gazzoni; Paz Barateiro, 2023), estabelecendo paralelos significativos com os padrões observados em ecossistemas florestais. Pesquisas demonstram que lavouras baseadas em policultivos apresentam maior estabilidade de produtividade ao longo do tempo, especialmente sob condições de estresse ambiental, como secas ou surtos de pragas (Raseduzzaman; Jensen, 2017). Além da estabilidade produtiva, a diversificação agrícola com frequência resulta em aumentos mensuráveis da produtividade total do sistema, ao mesmo tempo que amplia o provimento de múltiplos serviços ecossistêmicos. Esses benefícios incluem o enriquecimento da biodiversidade funcional e a melhoria significativa da qualidade do solo, com destaque para o incremento nos níveis de carbono orgânico, o que contribui tanto para a fertilidade quanto para a mitigação das mudanças climáticas através do sequestro de carbono (Beillouin; Ben Ari; Makowski, 2019). Essa multifuncionalidade dos sistemas diversificados representa uma característica fundamental para o desenvolvimento de práticas agrícolas mais resilientes e sustentáveis a longo prazo.

A relação entre biodiversidade e produtividade em sistemas agrícolas apresenta complexidades que podem configurar trocas significativas. A intensificação da produção agrícola por meio da monotonia pode maximizar rendimentos em curto prazo, enquanto sistemas diversificados frequentemente apresentam menor produtividade por área quando considerada apenas a cultura principal (Beckmann *et al.*, 2019). Em contrapartida, práticas de diversificação resultaram em aumento médio de 14% na produtividade quando considerada a produção total do sistema (Tamburini *et al.*, 2020). Além disso, sistemas agrícolas que mantêm elementos de biodiversidade alcançam maior eficiência no uso de recursos e na resistência a estresses bióticos e abióticos, resultando em melhor desempenho econômico a longo prazo, mesmo quando produções imediatas podem ser ligeiramente inferiores às de sistemas simplificados (Redlich; Martin; Steffan-Dewenter, 2020).

A gestão de agroecossistemas desempenha um papel importante na conservação da biodiversidade global. Quando comparadas às práticas agrícolas tradicionais, as práticas alternativas podem aumentar a biodiversidade local (Cozim-Melges *et al.*, 2024). A agricultura orgânica pode ampliar a riqueza e abundância de aves, plantas e insetos em até 50%, porém, os resultados são diferentes de acordo com o grupo de organismos e as paisagens (Bengtsson; Ahnström; Weibull, 2005). A agrobiodiversidade é definida como a variedade de plantas, animais e microrganismos utilizados na alimentação e na agricultura, e propõe uma abordagem mais local, que valorize o conhecimento e as práticas das comunidades locais e indígenas (Jago *et al.*, 2024).

Entre os costumes utilizados pelas comunidades locais, práticas como interferências planejadas na biodiversidade, sem fungicida nem inseticida, funcionam positivamente para diversos táxons. De forma mais específica, certas práticas, como a criação de áreas de amortecimento, mostram-se particularmente eficazes para determinados táxons, como artrópodes e mamíferos. A ausência de herbicidas beneficia a presença de aves. O plantio direto e a cultura de cobertura favorecem a presença de minhocas; e fertilizantes orgânicos, o aumento das bactérias (Cozim-Melges *et al.*, 2024). Técnicas como a inserção de colônias de abelhas podem aumentar a produtividade de soja (Gazzoni; Paz Barateiro, 2023); a criação de digestores anaeróbios fornece fertilizantes e biogás; a retirada da cultura, deixando o solo descansar, favorece sua recuperação e, consequentemente, usam-se menos fertilizantes na próxima semeadura. Contudo, para que essas técnicas sejam eficientes, é preciso que os pequenos produtores sejam auxiliados para a escolha correta da técnica utilizada, das sementes e do preparo do terreno (Jago *et al.*, 2024). Essas práticas agroecológicas adotadas por pequenos produtores demonstram o potencial de adaptação e resiliência produtiva, o que levanta a questão de estratégias mais amplas, como a rotação de culturas, diante dos impactos crescentes das mudanças climáticas sobre culturas sensíveis como soja e milho. A rotação de culturas pode reduzir a vulnerabilidade dos sistemas agrícolas por meio da diversificação de culturas e da adoção de alternativas mais adequadas às novas condições climáticas, com diferentes exigências hídricas, térmicas e fenológicas (Grigorieva; Livenets; Stelmakh, 2023).

Mudando o modelo produtivo atual

A reversão do forte domínio da soja na agricultura brasileira consistiria em uma mudança estratégica no modelo produtivo atual, marcado pela predominância dessa *commodity*, para um sistema mais diversificado, resiliente e sustentável (Debiasi *et al.*, 2017). A exportação de soja se coloca como um dos principais fatores que mantêm o Brasil em posição de destaque no comércio mundial (Souza *et al.*, 2024). Embora essa cultura tenha contribuído significativamente para o crescimento econômico de diversas regiões, sua hegemonia acarreta riscos ambientais, econômicos e sociais (Andrade Neto; Raiher, 2024). A reversão da dependência excessiva da soja e da exposição do setor agrícola a oscilações de mercado envolvem a adoção de políticas públicas, incentivos econômicos e mudanças tecnológicas que favoreçam a diversificação de culturas e sistemas produtivos (Altieri; Nicholls, 2017). Isso inclui o estímulo à produção de alimentos voltados ao consumo interno, como feijão, arroz, mandioca e hortaliças, além da introdução de culturas mais adaptadas às novas condições climáticas, como milheto, sorgo e outras espécies nativas com potencial econômico. A diversificação permitiria um uso mais eficiente dos recursos naturais, maior resiliência aos eventos extremos e maior estabilidade econômica para os produtores (Bonilla; Braga, 2022). Outro aspecto essencial é a valorização da agricultura familiar e de modelos agroecológicos, que priorizam práticas sustentáveis, e a redução da dependência de insumos externos, aplicáveis tanto em pequenas propriedades quanto em empreendimentos de maior escala, como fazendas e granjas orgânicas (Soares; Vieira; Santos, 2023).

Outra oportunidade de diversificação está na agregação de valor aos produtos agropecuários e florestais, para impulsionar o desenvolvimento econômico sustentável – especialmente quando associada à verticalização produtiva –, por meio da industrialização e da oferta de serviços especializados. Além dos diversos usos industriais da biomassa, como biocombustíveis, biofármacos e outros, é crucial valorizar a produção agropecuária de forma a evitar sua destinação à fabricação de alimentos ultraprocessados (Louzada *et al.*, 2023).

O maior aproveitamento dos produtos e serviços ligados à silvicultura, agricultura e produção de proteína animal pode constituir o eixo estratégico para o desenvolvimento dos demais setores do país – incluindo a infraestrutura logística, a bioinovação e a transição energética. No entanto, essa ampla gama de possibilidades também impõe desafios distintos aos diferentes perfis de produtores. Por exemplo, o valor adicionado para o agricultor familiar não inserido em redes de cooperação (isolado) difere significativamente daquele alcançado por agricultores familiares cooperados – e ambos se diferenciam ainda dos desafios enfrentados por médios e grandes produtores. Para além dos desafios materiais, a agregação de valor em mercados consolidados e com instituições funcionais requer uma especialização e especificidades maiores no desenho de políticas que aquelas requeridas em mercados poucos consolidados e sem institucionalização (normas formais e informais) (Vieira; Buainain, 2024).

Nesse cenário de transição para sistemas mais diversos e sustentáveis, destaca-se o papel das grandes corporações do setor agroquímico, que têm atuado para perpetuar a dependência dos agricultores aos insumos químicos vendidos por elas. Essa estratégia se manifesta, em campo, por meio de uma rede abrangente de assistência técnica afiliada a fornecedores, cujos profissionais frequentemente recomendam o uso sistemático – e muitas vezes excessivo – de defensivos, acima das reais necessidades agronômicas. Esse padrão não apenas compromete a eficiência econômica e ambiental das lavouras, como também mina a confiança em alternativas sustentáveis, como os bioinsumos (Wu; Wang, 2024).

Além das estratégias empresariais no nível local, as mudanças nas regras do comércio internacional também moldam profundamente as decisões dos produtores brasileiros, impondo novos padrões e reconfigurando oportunidades de mercado. Os acordos comerciais bilaterais e multilaterais têm sido uma das principais ferramentas para a inserção do Brasil no comércio global. Um exemplo disso é o Acordo Mercosul-União Europeia, que visa facilitar o comércio de produtos agrícolas entre os dois blocos. No entanto, esse acordo também impõe novas exigências, como a necessidade de os produtos brasileiros atenderem a padrões ambientais mais elevados, sobretudo no que diz respeito à produção de soja, carne e café. A pressão para reduzir o desmatamento e a degradação ambiental é um dos principais desafios impostos por essas novas regras, especialmente com a intensificação das regulamentações no âmbito do Pacto Verde Europeu, que busca combater o desmatamento e melhorar a rastreabilidade de produtos agrícolas (Bethmann; Gracia, 2022). Além disso, as políticas ambientais e a crescente demanda por práticas mais sustentáveis têm um impacto direto nas estratégias dos produtores.

O Regulamento (UE) 2023/1115 (União Europeia, 2023), que proíbe a comercialização de produtos associados ao desmatamento, impõe ao Brasil exigências rigorosas de rastreabilidade e responsabilidade ambiental, em especial em relação à Amazônia – bioma enquadrado como floresta segundo a definição da União Europeia, enquanto o Cerrado e a Mata Atlântica ficam fora do escopo do regulamento. Essa exclusão implica riscos importantes, como o deslocamento da pressão por desmatamento para esses biomas não abrangidos, lacunas na rastreabilidade e certificação de suas cadeias produtivas, além de potenciais impactos socioeconômicos para produtores e comunidades locais. Diante desse contexto, a adoção de tecnologias agrícolas sustentáveis, como a agricultura de precisão e a certificação de cadeias livres de desmatamento, torna-se fundamental para manter o acesso a mercados exigentes, sobretudo na Europa e na Ásia (Nonnemberg, 2024).

A inovação tecnológica também se destaca como um fator-chave para a adaptação do setor agrícola brasileiro. Tecnologias como rastreabilidade por blockchain e o uso de inteligência artificial são cada vez mais necessárias para garantir que a produção esteja de acordo com as exigências internacionais. Além disso, essas inovações podem melhorar a eficiência e reduzir os impactos ambientais da agricultura. A adoção de novas tecnologias permite que os produtores brasileiros se tornem mais competitivos, ao mesmo tempo que atendem aos requisitos globais de sustentabilidade (Melotti *et al.*, 2023). As mudanças nas regras de comércio internacional exigem que os produtores brasileiros busquem inovação e sustentabilidade, adotando práticas agrícolas mais responsáveis e alinhadas com as demandas globais. A adaptação a esse novo cenário será essencial para garantir a competitividade do setor agrícola brasileiro no mercado internacional.

Considerações finais

A simplificação produtiva do sistema agroalimentar contemporâneo é incompatível com a complexidade da vida da qual, em última análise, ele próprio depende. É perigoso confundir simplicidade com adequação. Mencken já nos alertava, e a Navalha de Ockham nos adverte: devemos buscar o essencial, mas desconfiar das soluções que parecem "claras e simples", pois muitas vezes elas estão erradas. A busca por eficiência fez emergir um modelo agrícola que não confunde máquinas, mas confunde a vida. Um sistema feito para plantar e colher uma única espécie, de uma única variedade, por vez. Grãos que não podem se misturar, modificados geneticamente e que perderam a interação com o solo, com fungos, com microrganismos e com plantas-parentes. Em muitos lugares, essa homogeneidade já cruzou a linha do não retorno: solos exauridos, fazendas financeiramente inviáveis, dependentes de insumos cujo custo ultrapassa o lucro. Precisamos reimaginar. Cultivar um sistema político e social que favoreça a adoção crescente de métodos que se apoiam no fortalecimento e não na destruição da vida; que substituam fertilizantes e produtos químicos ineficientes; que celebrem paisagens heterogêneas; que informem, com transparência, os riscos impostos pelo clima e pela insistência no obsoleto; que diversifiquem as dietas; que rejeitem alimentos que não nutrem. Para isso, precisamos também de uma ciência que comece pelas perguntas de quem produz; que traga essas pessoas para o centro da resposta; que gere soluções que toquem a prática, e não apenas os papéis. Essa reflexão – interna, profunda, coletiva – precisa florescer como alimento. Talvez soe utópico imaginar que um país em desenvolvimento como o Brasil possa influenciar uma potência como a China. Mas é nossa matéria-prima que sustenta grande parte da dieta do dragão. E o dragão, símbolo máximo da cultura chinesa, representa não só força, coragem e vigor, mas também diversidade: tem corpo de tigre, escamas de carpa, barriga de serpente. Uma criatura feita da união de múltiplas formas e naturezas. Ao seu lado, floresce a peônia, flor nacional da China, símbolo de riqueza e prosperidade, mas também expressão da variedade: seus estilos e cores são celebrações da diferença. A China, como nós, já viveu momentos de apagamento de suas diversidades – e hoje busca resgatar essas raízes, reconhecer a força do diverso. Mais uma vez, a promessa de facilidade trazida pela monotonia revela seu verdadeiro rosto: o do anulamento.

Referências

ABRAMOVAY, R. *et al.* **Infraestrutura para o desenvolvimento sustentável da Amazônia**. São Paulo: Editora Elefante, 2022.

AGOMOH, I. V. *et al.* Crop rotation enhances soybean yields and soil health indicators. **Soil Science Society of America Journal**, v. 85, n. 4, p. 1185-1195, 2021.

ALI, M. A.; AL-FARGA, A.; SEDDIK, M. A. The positive impact of honeybee activity on fennel crop production and sustainability. **Scientific Reports**, v. 14, 2024.

ALI, T. *et al.* The impact of climate change on China and Brazil's soybean trade. **Land**, v. 11, n. 12, p. 2286, 2022.

ALTIERI, M. A.; NICHOLLS, C. I. Agroecology: a brief account of its origins and currents of thought in Latin America. **Agroecology and Sustainable Food Systems**, v. 41, n. 3-4, p. 231-237, 2017.

ANDRADE NETO, A. O. de; RAIHER, A. P. Impacto socioeconômico da cultura da soja nas áreas mínimas comparáveis do Brasil. **Revista de Economia e Sociologia Rural**, v. 62, n. 1, 2024.

ANTUNES, P. M. Agricultura familiar e a conservação da biodiversidade agrícola: práticas e saberes locais. **Biodiversity Conservation Review**, p. 457-472, 2020.

ARAÚJO, J. C. O. *et al.* Asseguração dos riscos climáticos: uma análise sobre o disclosure contábil no setor agropecuário. **Research, Society and Development**, v. 11, n. 10, p. e133111032476, 2022.

ASSOCIAÇÃO BRASILEIRA DO AGRONEGÓCIO (ABAG); INSTITUTO DE ECONOMIA AGRÍCOLA (IEAg). **O futuro da soja nacional**. São Paulo: ABAG; IEAg, 2020.

ASSUNÇÃO, J. *et al.* The effect of rural credit on deforestation: evidence from the Brazilian Amazon. **The Economic Journal**, v. 130, n. 626, p. 290-330, 2020.

ASSUNÇÃO, J.; GANDOUR, C.; ROCHA, R. Deforestation slowdown in the Brazilian Amazon: prices or policies? **Environment and Development Economics**, v. 20, n. 6, p. 697-722, 2015.

BECKMANN, M. *et al.* Conventional land-use intensification reduces species richness and increases production: a global meta-analysis. **Global Change Biology**, v. 25, n. 6, p. 1941-1956, 2019.

BEILLOUIN, D.; BEN-ARI, T.; MAKOWSKI, D. Evidence map of crop diversification strategies at the global scale. **Environmental Research Letters**, v. 14, n. 12, p. 123001, 2019.

BENATTI, J. H. A soja na Amazônia e o ordenamento territorial. *In*: ANDRADE, E. B. de (org.). **A geopolítica da soja na Amazônia**. Belém: Embrapa Amazônia Oriental, 2005.

BENGTSSON, J.; AHNSTRÖM, J.; WEIBULL, A.-C. The effects of organic agriculture on biodiversity and abundance: a meta-analysis. **Journal of Applied Ecology**, v. 42, n. 2, p. 261-269, 2005.

BETHMANN, E.; GRACIA, F. **The impact of EU-Mercosur Agreement on member countries and the United States**. Economics Working Paper Series, Working Paper 2022–07–B. Washington, DC: U.S. International Trade Commission, 2022.

BONILLA, E. B. P.; BRAGA, M. J. **Diversificação agrícola**: estratégias de convivência com os riscos climáticos no semiárido brasileiro nordestino. Viçosa, MG: UFV, IPPDS, 2022.

BOWLES, T. M. *et al.* Long-term evidence shows that crop-rotation diversification increases agricultural resilience to adverse growing conditions in North America. **One Earth**, v. 2, n. 3, p. 284-293, 2020.

BRASIL. Lei nº 10.711, de 5 de agosto de 2003. Dispõe sobre o Sistema Nacional de Sementes e Mudas e dá outras providências. **Diário Oficial da União**, seção 1, v. 140, n. 150, p. 1, 2003.

BRASIL. Ministério da Agricultura, Pecuária e Abastecimento. Agência Nacional de Águas e Saneamento Básico. **Atlas Irrigação**: uso da água na agricultura irrigada. 2. ed. Brasília, DF: Mapa/ANA, 2021.

BROWN, A. H. D.; HODGKIN, T. Indicators of genetic diversity, genetic erosion, and genetic vulnerability for plant genetic resources. *In*: AHUJA, M. R.; JAIN, S. M. (org.). **Genetic diversity and erosion in plants**: sustainable development and biodiversity. Cham: Springer International Publishing, 2015. v. 7.

BUENO, M. P. *et al.* Impasses da produção de fertilizantes no Brasil. **Revista de Gestão e Secretariado**, v. 14, n. 7, p. 11077-11091, 2023.

CÂNDIDO, G. *et al.* Rotação de culturas na sustentabilidade de um sistema de produção agrícola. **Revista Multidisciplinar de Educação e Meio Ambiente**, v. 2, n. 3, p. 27, 2021.

CAO, C.; YUAN, G. Foreign trade and virtual land resources: a case study of China's grain. **Agricultural Economics (Zemědělská ekonomika)**, v. 68, n. 7, p. 259-270, 2022.

CARREIRA, I.; COSTA, F.; PESSOA, J. P. The deforestation effects of trade and agricultural productivity in Brazil. **Journal of Development Economics**, v. 167, p. 103217, 2024.

CLIMATE POLICY INIATIATIVE. Does credit affect deforestation? Evidence from a rural credit policy in the Brazilian Amazon. **CPI Technical Report**, jan. 2013. Disponível em: https://climatepolicyinitiative.org/wp-content/uploads/2013/01/Does-Credit-Affect-Deforestation-Evidence-from-a-Rural-Credit-Policy-in-the-Brazilian-Amazon-Technical-Paper-English.pdf. Acesso em: 2 set. 2025.

COSTA, B. M. do N.; LEAL, P. H.; PONTE, V. M. R. Determinantes da divulgação de informações de risco de mercado por empresas não financeiras. **RACE – Revista de Administração, Contabilidade e Economia**, v. 16, n. 2, p. 729-756, 2017.

COSTA, F. de A. O planejamento do desenvolvimento regional na Amazônia: pressupostos conceituais para uma nova institucionalidade. **Amazônia Ciência e Desenvolvimento**, v. 1, n. 1, p. 181-196, 2005.

COSTA, S. A. T. da *et al.* Técnicas hidricamente eficientes e modelagem: estratégias para a sustentabilidade e intensificação da agricultura frente às mudanças do clima em ambientes suscetíveis à desertificação. **Revista Brasileira de Geografia Física**, v. 14, n. 7, p. 4013-4034, 2022.

COSTINOT, A.; DONALDSON, D.; SMITH, C. Evolving comparative advantage and the impact of climate change in agricultural markets: evidence from 1.7 million fields around the world. **Journal of Political Economy**, v. 124, n. 1, p. 205-248, 2016.

COZIM-MELGES, F. *et al.* Farming practices to enhance biodiversity across biomes: a systematic review. **npj Biodiversity**, v. 3, n. 1, 2024.

CRAUFURD, P. Q.; WHEELER, T. R. Climate change and the flowering time of annual crops. **Journal of Experimental Botany**, v. 60, n. 9, p. 2529-2539, 2009.

CROPLIFE BRASIL. Mercado de bioinsumos cresceu 15% na safra de 2023/2024, **CropLife Brasil**, 26 jun. 2024. Disponível em: https://croplifebrasil.org/mercado-de-bioinsumos-cresceu-15-na-safra-2023-2024/. Acesso em: 14 ago. 2025.

CUNHA, D. A. da *et al.* Effects of climate change on irrigation adoption in Brazil. **Acta Scientiarum. Agronomy**, v. 36, n. 1, p. 1, 2014.

CUNHA, D. A. da; COELHO, A. B.; FÉRES, J. G. Irrigation as an adaptive strategy to climate change: an economic perspective on Brazilian agriculture. **Environment and Development Economics**, v. 20, n. 1, p. 57-79, 2015.

DAMALAS, C.; KOUTROUBAS, S. Current status and recent developments in biopesticide use. **Agriculture**, v. 8, n. 1, p. 13, 2018.

DAVIDSON, E. A. *et al.* More food, low pollution (Mo Fo Lo Po): a grand challenge for the 21st century. **Journal of Environmental Quality**, v. 44, n. 2, p. 305-311, 2015.

DEBIASI, H. *et al.* **Alternativas para diversificação de sistemas de produção envolvendo a soja no norte do Paraná**. Londrina: Embrapa Soja, 2017. (Documentos 398)

DELGADO, G. C. **Do capital financeiro na agricultura à economia do agronegócio**: mudanças cíclicas em meio século (1965-2012). Porto Alegre: Editora da UFRGS, 2012.

DEMAMBRO, E.; PIETRAFESA, P. A.; ROJAS, G. V. G. A expansão do cultivo de soja e os impactos ambientais no Vale do Araguaia, entre 2000 e 2019. **South American Development Society Journal**, v. 7, n. 20, p. 83, 2021.

DOMINGUES, M. S.; BERMANN, C. O arco de desflorestamento na Amazônia: da pecuária à soja. **Ambiente & Sociedade**, v. 15, n. 2, p. 1-22, 2012.

ELNAHAL, A. S. M. *et al.* The use of microbial inoculants for biological control, plant growth promotion, and sustainable agriculture: a review. **European Journal of Plant Pathology**, v. 162, n. 4, p. 759-792, 2022.

ESTRADA-CARMONA, N. *et al.* Complex agricultural landscapes host more biodiversity than simple ones: a global meta-analysis. **Proceedings of the National Academy of Sciences**, v. 119, n. 38, 2022.

FAITA, M. R. *et al.* Glyphosate-based herbicides and *Nosema sp.* microsporidia reduce honey bee (*Apis mellifera* L.) survivability under laboratory conditions. **Journal of Apicultural Research**, v. 59, n. 4, p. 332-342, 2020.

FAVARETO, A. *et al.* Há mais pobreza e desigualdade do que bem-estar e riqueza nos municípios do Matopiba/There is more poverty and inequality than well-being and wealth in the municipalities of Matopiba. **Revista Nera**, v. 22, n. 47, p. 348-381, 2019.

FEARNSIDE, P. M. Tropical deforestation and global warming. **Science**, v. 312, n. 5777, 1137, 2006.

FENG, H. *et al.* Soil quality indicators as influenced by 5-year diversified and monoculture cropping systems. **The Journal of Agricultural Science**, v. 158, n. 7, p. 594-605, 2020.

FERNANDES, G. B. *et al.* Fluxo transgênico: desafios para a conservação on farm de variedades crioulas de milho no Semiárido brasileiro. **Desenvolvimento e Meio Ambiente**, v. 61, 2023.

FERNANDES, S. M. Nível do *disclosure* ambiental das empresas brasileiras listadas na BM&FBOVESPA: uma análise do período de 2006 a 2010. **Revista de Gestão Social e Ambiental**, v. 6, n. 2, p. 106-120, 2012.

FERREIRA, M. H. dos S. *et al.* Resgate da tradição, saberes e conservação de sementes crioulas em áreas de caatinga e mata atlântica no estado da Bahia. *In*: CONGRESSO INTERNACIONAL DA DIVERSIDADE DO SEMIÁRIDO, 1., 2016, Campina Grande. **Anais** [...]. Campina Grande: Realize Editora, 2016.

FIGUEIREDO, C. V.; SOUZA, J. G. A monocultura canavieira: entropia da paisagem e elisão fiscal no município de Rio Claro-SP, Brasil (2000-2008). **Revista Campo-Território**, v. 11, n. 22, p. 415-432, 2016.

FIGUEIREDO, E. V. C.; CONTINI, E. China: gigante também na agricultura. **Revista de Política Agrícola**, v. 22, n. 2, p. 5-29, 2013.

FORTINI, R. M.; BRAGA, M. J.; FREITAS, C. O. Impacto das práticas agrícolas conservacionistas na produtividade da terra e no lucro dos estabelecimentos agropecuários brasileiros. **Revista de Economia e Sociologia Rural**, v. 58, n. 2, 2020.

FRANCHINI, J. C. *et al.* **Importância da rotação de culturas para a produção agrícola sustentável no Paraná**. Londrina: Embrapa Soja, 2011. (Documentos 327)

GAZZONI, D. L.; PAZ BARATEIRO, J. V. G. R. Soybean yield is increased through complementary pollination by honey bees. **Journal of Apicultural Research**, v. 63, n. 4, p. 801-812, 2023.

GOMES, S. *et al.* Relação entre o *disclosure* de riscos climáticos e o retorno anormal das empresas brasileiras. **Revista Universo Contábil**, v. 13, n. 2, p. 149-165, 2017.

GRIGORIEVA, E.; LIVENETS, A.; STELMAKH, E. Adaptation of agriculture to climate change: a scoping review. **Climate**, v. 11, n. 10, p. 202, 2023.

HAMED, R. *et al.* Impacts of hot-dry compound extremes on US soybean yields. **Earth System Dynamics**, v. 12, n. 4, 2021.

HEARN, A. H. **Strengthening Brazil's food system**: can China's belt and road help? international perspectives on the belt and road initiative. 1. ed. Londres: Routledge, 2021.

HUNGRIA, M.; CAMPO, R. J.; MENDES, I. C. **Fixação biológica do nitrogênio na cultura da soja**. Londrina: Embrapa Soja, 2001.

HUNGRIA, M.; NOGUEIRA, M. A.; ARAUJO, R. S. Soybean seed co-inoculation with *Bradyrhizobium* spp. and *Azospirillum brasilense*: a new biotechnological tool to improve yield and sustainability. **American Journal of Plant Sciences**, v. 6, n. 6, p. 811-817, 2015.

INSTITUTO ESCOLHAS. Brasil como líder mundial em produção de soja: até quando e a que custo? Relatório Técnico. **Instituto Escolhas**, jun. 2025. Disponível em: https://escolhas.org/brasil-usa-agrotoxicos-e-fertilizantes-de-forma-ineficiente-e-insustentavel-na-producao-de-soja-revela-estudo/. Acesso em: 14 ago. 2025.

JACQUES, P.; JACQUES, J. Monocropping cultures into ruin: the loss of food varieties and cultural diversity. **Sustainability**, v. 4, n. 11, p. 2970-2997, 2012.

JADOSKI, S. O. *et al.* Características da lixiviação de nitrato em áreas de agricultura intensiva. **Pesquisa Aplicada & Agrotecnologia**. v. 3, n. 1, p. 193-200, 2010.

JAGO, S. *et al.* Adapting wild biodiversity conservation approaches to conserve agrobiodiversity. **Nature Sustainability**, v. 7, n. 11, p. 1385-1394, 2024.

JIANG, X. *et al.* An empirical analysis of global soybean supply potential and China's diversified import strategies based on global agro-ecological zones and multi-objective nonlinear programming models. **Agriculture**, v. 15, n. 5, p. 529, 2025.

JONES, S. K. *et al.* Agrobiodiversity index scores show agrobiodiversity is underutilized in national food systems. **Nature Food**, v. 2, n. 9, p. 712-723, 2021.

KHOURY, C. K. *et al.* Crop genetic erosion: understanding and responding to loss of crop diversity. **New Phytologist**, v. 233, n. 1, p. 84-118, 2022.

LEITE, R. da C. *et al.* Adubação fosfatada na soja durante três safras consecutivas na nova fronteira agrícola brasileira. **Scientia Agraria**, v. 18, n. 4, p. 28-35, 2017.

LIMA, M. do S. B. de. Expansão da cadeia da soja na Amazônia setentrional: os casos de Roraima e Amapá. **Boletim de Geografia**, v. 38, n. 2, p. 79-93, 2020.

LINDOSO, D.; EIRÓ, F.; ROCHA, J. D. Desenvolvimento sustentável, adaptação e vulnerabilidade à mudança climática no semiárido nordestino: um estudo de caso no Sertão do São Francisco. **Revista Econômica do Nordeste**, v. 44, p. 301-332, 2016.

LOPES, B. F. R.; OLIVEIRA, A. L. R. The supply chain of Brazilian maize: application of a partial equilibrium model. **Bulgarian Journal of Agricultural Science**, v. 23, n. 5, p. 717-728, 2017.

LOUZADA, M. L. C. *et al.* Consumo de alimentos ultraprocessados no Brasil: distribuição e evolução temporal 2008-2018. **Revista de Saúde Pública**, v. 57, n. 1, 2023.

MAFFRA, M. A.; SOUZA, D. C. Barragens para irrigação: aspectos jurídicos e ambientais da sua construção, operação e remoção. **Revista do CNMP**, n. 7, p. 146-166, 2018.

MANACHINI, B.; CORSINI, A.; BOCCHI, S. Soil quality indicators as affected by a long term barley-maize and maize cropping systems. **Italian Journal of Agronomy**, v. 4, n. 1, p. 15-22, 2009.

MASCARENHAS, H. A. A. *et al.* Efeito na produtividade da rotação de culturas de verão e crotalária no inverno. **Scientia Agricola**, v. 55, n. 3, p. 534-537, 1998.

MAYER, Z. *et al.* Effect of long-term cropping systems on the diversity of the soil bacterial communities. **Agronomy**, v. 9, n. 12, p. 878, 2019.

MCDANIEL, M. D.; GRANDY, A. S. Soil microbial biomass and function are altered by 12 years of crop rotation. **Soil**, v. 2, n. 4, p. 583-599, 2016.

MEDINA, G. da S.; BARBOSA, C. W. S. The neglected solutions: local farming systems for sustainable development in the Amazon. **World**, v. 4, n. 1, p. 153-170, 2023.

MELOTTI, L. *et al.* Utilização do sistema blockchain e sua rastreabilidade no agronegócio. **Cadernos de Prospecção**, v. 16, n. 5, p. 1543-1554, 2023.

MEYER, M. C *et al.* **Bioinsumos na cultura da soja**. Brasília, DF: Embrapa Soja, 2022.

NASCIMENTO, M. V. *et al.* Manejo da adubação nitrogenada nas culturas de alface, repolho e salsa. **Revista de Agricultura Neotropical**, v. 4, p. 65-71, 2017.

NONNEMBERG, M. J. B. *et al.* **Efeitos da lei europeia contra o desmatamento sobre as exportações brasileiras**. Brasília, DF: Ipea, 2024. (Texto para discussão 3016)

OLIVEIRA, A. U. de. A Amazônia e a nova geografia da produção da soja. **Terra Livre**, v. 1, n. 26, p. 13-43, 2015.

OLIVEIRA, L. F. da S. *et al.* Desafios e perspectivas na preservação de variedades tradicionais sobre risco de erosão genética na comunidade de Palmital dos Carvalhos – MG. **Revista Delos**, v. 17, n. 62, p. e3063, 2024.

OLIVEIRA, L. K. *et al.* Processo sócio-sanitário-ambiental da poluição por agrotóxicos na bacia dos rios Juruena, Tapajós e Amazonas em Mato Grosso, Brasil. **Saúde e Sociedade**, v. 27, n. 2, 2018.

OSTI, A. M. *et al.* Rentabilidade do milho e do feijão submetido a diferentes lâminas de irrigação em Mato Grosso. **Revista de Economia e Sociologia Rural**, v. 57, n. 4, p. 505-518, 2019.

OUDA, S.; ZOHRY, A.; NORELDIN, T. Crop rotation maintains soil sustainability. *In*: OUDA, S.; ZOHRY, A.; NORELDIN, T. **Crop rotation**: an approach to secure future food. Cham: Springer, 2018.

PENDRILL, F. *et al.* Disentangling the numbers behind agriculture-driven tropical deforestation. **Science**, v. 377, n. 6611, 2022.

PÉREZ-BRANDÁN, C. *et al.* Soybean fungal soil-borne diseases: a parameter for measuring the effect of agricultural intensification on soil health. **Canadian Journal of Microbiology**, v. 60, n. 2, p. 73-84, 2014.

PIGNATI, W.; OLIVEIRA, N. P.; SILVA, A. M. C. da. Vigilância aos agrotóxicos: quantificação do uso e previsão de impactos na saúde-trabalho-ambiente para os municípios brasileiros. **Ciência & Saúde Coletiva**, v. 19, n. 12, p. 4669-4678, 2014.

PITTA, F.; MENDONÇA, M. L.; STEFANO, D. **Desmatamento, grilagem de terras e financeirização:** impactos da expansão do monocultivo da soja no Brasil. São Paulo: Rede Social de Justiça e Direitos Humanos, 2022.

PROGRAMA DAS NAÇÕES UNIDAS PARA O MEIO AMBIENTE (PNUMA). Pnuma: Brasil possui entre 15% e 20% da diversidade biológica mundial. **ONU News**, 2 mar. 2019. Disponível em: https://news.un.org/pt/story/2019/03/1662482. Acesso em: 15 set. 2025.

RAJÃO, R. *et al.* The rotten apples of Brazil's agribusiness. **Science**, v. 369, n. 6501, p. 246-48, 2020.

RASEDUZZAMAN, M.; JENSEN, E. S. Does intercropping enhance yield stability in arable crop production? A meta-analysis. **European Journal of Agronomy**, v. 91, p. 25-33, 2017.

RATTIS, L. *et al.* Climatic limit for agriculture in Brazil. **Nature Climate Change**, v. 11, n. 12, p. 1098-1104, 2021.

RAY, D. K. *et al.* Climate change has likely already affected global food production. **Plos One**, v. 14, n. 5, p. e0217148, 2019.

REDLICH, S.; MARTIN, E. A.; STEFFAN-DEWENTER, I. Sustainable landscape, soil and crop management practices enhance biodiversity and yield in conventional cereal systems. **Journal of Applied Ecology**, v. 58, n. 3, p. 507-517, 2020.

RENARD, D.; TILMAN, D. National food production stabilized by crop diversity. **Nature**, v. 571, n. 7764, p. 257-260, 2019.

RIEDELL, W. E.; OSBORNE, S. L.; PIKUL, J. L. Soil attributes, soybean mineral nutrition, and yield in diverse crop rotations under no-till conditions. **Agronomy Journal**, v. 105, n. 4, p. 1231-1236, 2013.

ROSA-SCHLEICH, J. *et al.* Ecological-economic trade-offs of diversified farming systems – a review. **Ecological Economics**, v. 160, p. 251-263, 2019.

ROSE, G. *et al.* Impact of progressive global warming on the global-scale yield of maize and soybean. **Climatic Change**, v. 134, n. 3, p. 417-428, 2016.

ROVER, S.; BORBA, J. A.; MURCIA, F. D. R. Características do *disclosure* ambiental de empresas brasileiras potencialmente poluidoras: análise das demonstrações financeiras e dos relatórios de sustentabilidade do período de 2005 a 2007. **Contextus – Revista Contemporânea de Economia e Gestão**, v. 7, n. 1, p. 23-26, 2009.

SALES, J. M. de J. *et al.* Variabilidade espaço-temporal da qualidade da água em área de agricultura irrigada. **Revista Brasileira de Agricultura Irrigada**, v. 14, n. 3, p. 4071-4085, 2020.

SANT'ANNA, A. A.; YOUNG, C. E. F. Direitos de propriedade, desmatamento e conflitos rurais na Amazônia. **Economia Aplicada**, v. 14, n. 3, p. 381-393, 2010.

SANTILLI, J. A Lei de Sementes brasileira e os seus impactos sobre a agrobiodiversidade e os sistemas agrícolas locais e tradicionais. **Boletim do Museu Paraense Emílio Goeldi. Ciências Humanas**, v. 7, n. 2, p. 457-475, 2012.

SANTOS, B. P. dos *et al.* Agricultura e irrigação no Brasil no cenário das mudanças climáticas. **Revista de Tecnologia & Gestão Sustentável**, v. 1, n. 2, 2022.

SANTOS, H. P. *et al.* Efeito da rotação de culturas no rendimento de grãos e na severidade de doença do sistema radicular de trigo em sistema plantio direto. **Pesquisa Agropecuária Brasileira**, v. 30, n. 7, p. 923-929, 1995.

SANTOS, M. S. *et al.* The challenge of combining high yields with environmentally friendly bioproducts: a review on the compatibility of pesticides with microbial inoculants. **Agronomy**, v. 11, n. 5, p. 870, 2021.

SANTOS, M. S.; NOGUEIRA, M. A.; HUNGRIA, M. Microbial inoculants: reviewing the past, discussing the present and previewing an outstanding future for the use of beneficial bacteria in agriculture. **AMB Express**, v. 9, n. 1, 2019.

SÁTIRO, T. M.; ZACARDI, D. M.; ALMEIDA NETO, O. B. de. Reutilização do efluente de piscicultura para fertirrigação: uma alternativa ambiental e economicamente rentável. **Boletim do Observatório Ambiental Alberto Ribeiro Lamego**, v. 16, n. 1, p. 161-180, 2022.

SAUER, S. Soy expansion into the agricultural frontiers of the Brazilian Amazon: the agribusiness economy and its social and environmental conflicts. **Land Use Policy**, v. 79, p. 326-338, 2018.

SCHRAMSKI, S.; LIMA, A. C. B. de. Fruitful exchanges: social networks and food resources amidst change. **Agriculture & Food Security**, v. 11, n. 1, p. 15, 2022.

SEMENOV, M. A. *et al.* Adapting wheat in Europe for climate change. **Journal of Cereal Science**, v. 59, n. 3, p. 245-256, 2014.

SENCÉBÉ, Y.; PINTON, F.; CAZELLA, A. A. On the unequal coexistence of agrifood systems in Brazil. **Review of Agricultural, Food and Environmental Studies**, v. 101, n. 2-3, p. 191-212, 2020.

ŠEREMEŠIĆ, S. *et al.* Exploring fungal biodiversity in crop rotation systems: impact of soil fertility and winter wheat cropping. **Plants**, v. 14, n. 1, p. 65, 2024.

SIBIYA, M. *et al.* Initial assessment of selected biological soil health indicators in organic versus conventional cropping systems in field trials in South Africa. *In*: AUERBACH, R. (org.). **Organic food systems**: meeting the needs of Southern Africa. 1. ed. [*S. l.*]: CABI, 2020.

SILVA, A. F.; ARAÚJO, R.; SANTOS, L. M. Relação da rentabilidade e o *disclosure* de provisões e passivos contingentes ambientais das empresas de alto potencial poluidor listadas na B3. **Revista Catarinense da Ciência Contábil**, v. 17, n. 52, p. 101-118, 2018.

SILVA, E. N. V. da *et al.* Estudo e viabilidade técnica da utilização de águas de chuvas para o processo de irrigação de hortaliças no semiárido Pernambucano. **Engineering Sciences**, v. 9, n. 2, p. 110-122, 2021.

SILVA, L. P. *et al.* Estimativa da produtividade de soja usando irrigação na época das chuvas no bioma Cerrado. **Agrometeoros**, v. 28, 2020.

SILVA, M. A. *et al.* Sistema de plantio direto e rotação de culturas no Cerrado. **Research, Society and Development**, v. 11, n. 13, p. e376111335568, 2022.

SILVA, M. A. L. da *et al.* Household availability of foods from Brazilian biodiversity. **Cadernos de Saúde Pública**, v. 39, n. 6, 2023.

SILVA, V. P.; MUNTASER, J. Impacto do *disclosure* no risco e no valor das companhias brasileiras de capital aberto. **Management in Perspective**, v. 1, n. 1, p. 34-58, 2020.

SOARES, F. I. L.; VIEIRA, T. A.; SANTOS, M. A. O. Políticas públicas e sustentabilidade para a agricultura familiar no mundo. **Peer Review**, v. 5, n. 25, p. 87-108, 2023.

SOUZA, J. O. *et al.* Impactos para o comércio exterior brasileiro: os movimentos no cenário da liderança de crescimento econômico mundial, a desaceleração da China e a elevação da Índia. **International Journal of Scientific Management and Tourism**, v. 10, n. 4, p. e1054, 2024.

SOUZA, C. D. S.; SILVA, F. S.; ZÚQUI, V. Impacto das flutuações cambiais nas exportações do agronegócio brasileiro: uma análise de 2018 a 2024. **Revista Multidisciplinar do Nordeste Mineiro**, v. 7, n. 1, 2024.

SUBEDI, B.; POUDEL, A.; ARYAL, S. The impact of climate change on insect pest biology and ecology: implications for pest management strategies, crop production, and food security. **Journal of Agriculture and Food Research**, v. 14, p. 100733, 2023.

TAMBURINI, G. *et al.* Agricultural diversification promotes multiple ecosystem services without compromising yield. **Science Advances**, v. 6, n. 45, 2020.

UNIÃO EUROPEIA. Regulamento (UE) 2023/1115 do Parlamento Europeu e do Conselho de 31 de maio de 2023 relativo à comercialização e à exportação de produtos livres de desflorestação e de degradação florestal. **Jornal Oficial da União Europeia**, L 150/209, 9 jun. 2023.

VESTBERG, M.; KUKKONEN, S.; SAARI, K. Cropping system impact on soil quality determinants. **Agricultural and Food Science**, v. 11, n. 4, p. 311-328, 2002.

VIEIRA, P. A.; BUAINAIN, A. M. Agricultura brasileira: um exemplo de política pública. **Revista de Política Agrícola**, v. 33, e01990, 2024.

VOGEL, J. *et al.* Identifying meteorological drivers of extreme impacts: an application to simulated crop yields. **Earth System Dynamics**, v. 12, n. 1, p. 151-172, 2021.

WOLSKI, P. *et al.* On the role of anthropogenic climate change in the emerging food crisis in Southern Africa in the 2019-2020 growing season. **Global Change Biology**, v. 26, n. 5, p. 2729-2730, 2020.

WU, Q.; WANG, X. Game analysis of pesticide overuse by farmers. *In*: AGHAEI, M.; ZHANG, X.; REN, H. (org.). **Proceedings of Fifth International Conference on Green Energy, Environment, and Sustainable Development (GEESD 2024)**. Bellingham: SPIE, 2024.

YANG, X. *et al.* Diversifying crop rotation increases food production, reduces net greenhouse gas emissions and improves soil health. **Nature Communications**, v. 15, n. 1, p. 198, 2024.

YANG, Y. *et al.* Climate change exacerbates the environmental impacts of agriculture. **Science**, v. 385, n. 6713, p. eadn3747, 2024.

ZHANG, X. *et al.* Managing nitrogen for sustainable development. **Nature**, v. 528, n. 7580, p. 51-59, 2015.

3. A MONOTONIA NOS SISTEMAS DE PRODUÇÃO DE AVES E SUÍNOS: IMPLICAÇÕES PARA O BEM-ESTAR ANIMAL E RISCO DE RESISTÊNCIA A ANTIBIÓTICOS

Rita Albernaz-Gonçalves e Maria José Hötzel

De criações caseiras às *factory farms*: breve histórico e caracterização da avicultura e suinocultura brasileiras

A avicultura e a suinocultura industriais são setores de grande relevância para a economia brasileira. Em 2024, o produto interno bruto (PIB) do agronegócio no Brasil alcançou a marca de R$ 2,72 trilhões, com R$ 820 bilhões provenientes da pecuária intensiva (CNA, 2025). Como um dos principais produtores de proteína animal do mundo, o Brasil se consolidou como um gigante na produção e exportação de carne de frango e suína. Esse sucesso é resultado de décadas de investimento contínuo em tecnologia, aprimoramento genético e manejo avançado, que visam constantemente alta produtividade e redução de custos de produção (Talamini; Scheuermann; Martins, 2024).

O modelo de produção intensiva de aves e suínos surgiu de uma demanda massiva por alimentos após a Segunda Guerra Mundial (Woods, 2012). Para suprir essa necessidade, com muitos incentivos governamentais e industriais, as chamadas *factory farms* emergiram como a solução perfeita para o problema da falta de alimentos. Elas permitiam a produção de carne barata em larga escala e, convenientemente, o escoamento dos antibióticos excedentes da guerra (Kirchhelle, 2018; Woods, 2019). Foi nesse contexto que agroindústrias e empresas farmacêuticas fizeram uma descoberta fortuita: ao tratar suínos e frangos que adoeciam devido ao confinamento, notaram que os animais medicados com antibióticos na alimentação ganhavam mais peso do que os não medicados. Essa observação marcou o início da era dos antibióticos promotores de crescimento na criação intensiva de aves e suínos (Kirchhelle, 2018). A exemplo da Europa e dos Estados Unidos, os brasileiros também reconheceram os antibióticos promotores de crescimento como aliados valiosos da produção intensiva. Atualmente, estima-se que cerca de três quartos dos antibióticos produzidos no mundo são fornecidos aos animais produtores de alimentos, e o Brasil ocupa o segundo lugar como maior consumidor mundial desses medicamentos (Tiseo *et al.*, 2020).

A formação do complexo industrial de aves e suínos no Brasil e a construção das primeiras *factory farms* tiveram início em meados dos anos 1960. Esse período marcou a importação de tecnologias e de matrizes de linhagens especializadas dos Estados Unidos (Sorj; Pompermayer; Coradini, 2008). A Perdigão foi a pioneira entre as empresas brasileiras a investir em sistemas intensivos de criação de suínos e, uma década depois, a Sadia iniciou suas atividades

– juntas, essas duas empresas se tornaram as principais referências na produção e exportação de aves e suínos no país (Costa, 2007; Hentz; Hespanhol, 2023). Historicamente, os principais polos de produção de aves e suínos se concentram nos estados da região Sul do Brasil: Santa Catarina, Rio Grande do Sul e Paraná. Contudo, com o aumento da produção nacional nos últimos anos, nota-se uma migração dos sistemas intensivos para as regiões Centro-Oeste, Nordeste e Norte (SEAGRI-AC, [2024]; O Presente Rural, 2025; Sudene, 2023).

A cadeia produtiva de aves e suínos se alicerça em três modelos principais de comercialização: a integração, o cooperativismo e a produção independente (Albernaz-Gonçalves; Olmos Antillón; Hötzel, 2021; Hentz; Hespanhol, 2023), conforme demonstrado na figura 1. O sistema de integração, adotado no Brasil a partir de meados de 1970-1980, compreende uma relação de "parceria" entre agroindústria e produtores rurais. Esse acordo garante ao integrado acesso a insumos a custos mais baixos e comercialização direta, e à agroindústria, o fornecimento de matéria-prima com total controle do processo produtivo e sem os custos de encargos empregatícios (Albernaz-Gonçalves; Olmos Antillón; Hötzel, 2021; Kusbick; Tartas, 2015). A integradora detém direitos de exclusividade e de controle contratual na comercialização dos animais, o que reduz a autonomia e cria um ciclo de dependência econômica dos produtores rurais em relação à empresa (Hentz; Hespanhol, 2023). Os criadores cooperados, por sua vez, mantêm um vínculo como associados da cooperativa, que compartilha custos de insumos e intermedia a comercialização dos animais (Albernaz-Gonçalves; Olmos Antillón; Hötzel, 2021; Giongo; Monteiro, 2015). Entretanto, a expansão do cooperativismo agrícola é criticada como forma de precarizar o trabalho assalariado dos produtores rurais, pois segue uma orientação de mercado, em uma lógica empresarial de redução de custos com mão de obra (Giongo; Monteiro, 2015), ou seja, uma miniatura do modelo de integração gerida por sócios. Já os suinocultores independentes não são vinculados a nenhuma agroindústria, sendo inteiramente responsáveis por toda a aquisição de insumos e venda de seus produtos (Albernaz-Gonçalves; Olmos Antillón; Hötzel, 2021; Guimarães *et al.*, 2017). Os produtores avícolas independentes são raros e correlacionados com postura comercial (produção de ovos), enquanto na suinocultura, cerca de 20% das granjas se mantêm dissociadas de vínculos (ABPA, 2025). As exigências tecnológicas e dinâmicas de mercado têm influenciado um movimento de integralização/extinção dos pequenos produtores independentes (Guimarães *et al.*, 2017; Sorj; Pompermayer; Coradini, 2008).

Figura 1 – Representação esquemática dos modelos de comercialização da cadeia produtiva de suínos no Brasil

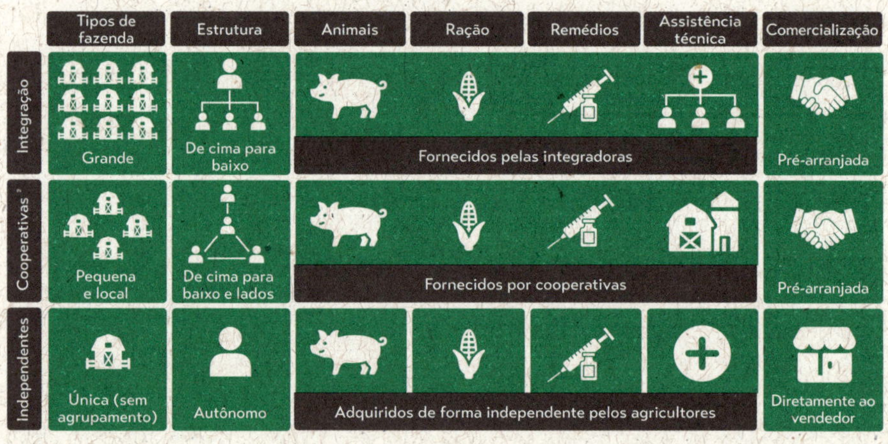

Fonte: adaptado de Albernaz-Gonçalves, Olmos Antillón e Hötzel (2021).

A infraestrutura das *factory farms* é caracterizada por galpões de alvenaria que abrigam centenas ou milhares de aves e suínos em regime de confinamento, sem acesso a áreas externas ou à luz solar (Nierenberg, 2003). O objetivo principal do confinamento é maximizar a quantidade de animais por metro quadrado, minimizando o espaço para interação e exercício, enquanto lhes é fornecida uma alimentação de alta concentração calórica. Isso visa promover um ganho de peso mais rápido e uniforme. A ultrapadronização das granjas em ambos os setores segue modelos internacionais, sobretudo dos Estados Unidos (Costa, 2007), por vezes desalinhados dos padrões edafoclimáticos do Brasil. Os requisitos mínimos para construções rurais são definidos por medidas e equipamentos que atendem às exigências do mercado internacional e seus custos são incompatíveis com a realidade econômica dos produtores rurais brasileiros. Recentemente, na avicultura de corte, produtores brasileiros foram incentivados a adotar os galpões *dark house*, modelos de aviários norte-americanos de ambiente controlado (Ferreira *et al.*, 2024; Rosa *et al.*, 2020). Esses galpões, apresentados como soluções para melhorar o bem-estar dos frangos de corte, possuem controle automatizado de temperatura e ventilação, mantendo as aves na penumbra durante toda a sua vida (Ferreira *et al.*, 2024). Apesar da promessa de maiores ganhos em produtividade, o custo de implantação desses aviários supera em 40% o de um aviário convencional (Giraldello *et al.*, 2021), tornando-se de difícil acesso para pequenos avicultores. Já os suinocultores são cobrados pelas agroindústrias a investir mais em modernizações para atender às exigências de bem-estar animal dos mercados importadores, como a adoção de modelos de gestações coletivas de porcas (Alianima, 2024), que prometem um pacote tecnológico que supostamente garante o bem-estar das porcas gestantes. Isso, no entanto, nem sempre se concretiza devido a equívocos de manejo, falhas de projeto e falta de treinamento dos produtores rurais. Esses dois exemplos demonstram que a cadeia produtiva de aves e suínos adota modelos que frequentemente não correspondem à realidade brasileira e custam muito caro aos produtores rurais, à saúde dos animais e ao meio ambiente.

Monotonia das dietas animais e a dupla "milho e farelo de soja": quem se beneficia disso?

A monotonia é o traço característico da alimentação de aves e suínos. Não é coincidência que as rações têm milho e farelo de soja como base nutricional, visto que o Brasil está entre os maiores produtores mundiais desses grãos. Todavia, esses alimentos são pobres em nutrientes essenciais, tais como lisina, metionina, triptofano (Genova *et al.*, 2017), além de algumas vitaminas e minerais. Para atender às exigências de linhagens de aves e suínos de alto desempenho, são incluídos aditivos e aminoácidos sintéticos importados, o que aumenta o custo das rações e fortalece a dependência de produtos de empresas multinacionais. A variação de preço das commodities também encarece as rações, que correspondem a 70% dos custos totais de produção de uma granja (ABPA, 2025). Esse fenômeno não é exclusivo do Brasil: a dependência de grãos dos sistemas pecuários e a volatilidade das commodities motivaram a China a reduzir o percentual de inclusão de farelo de soja nas rações animais e, em consequência, sua importação (Lennon, 2025). Coincidentemente ou não, as empresas de nutrição animal que comercializam farelo de soja são as mesmas que fornecem às granjas os aditivos alimentares, insumos para medicamentos e fármacos veterinários (Bokma *et al.* 2014; Albernaz-Gonçalves *et al.*, 2022b). Os principais fármacos veterinários presentes nas granjas são os antibióticos, utilizados como aditivos promotores de crescimento, como preventivos e como tratamento terapêutico (Bokma *et al.*, 2014).

A industrialização da avicultura e suinocultura foi essencial para o desenvolvimento de outras cadeias produtivas do país, como o cultivo de soja e de milho, o comércio de insumos agrícolas e de medicamentos veterinários, entre outros setores. As agroindústrias mantêm relações intrínsecas com empresas de nutrição animal, de máquinas e implementos agrícolas, e com empresas farmacêuticas, as quais estabelecem acordos de fornecimento e incentivos para aquisição de determinados produtos de suas marcas com exclusividade (Albernaz-Gonçalves; Olmos Antillón; Hötzel, 2022b). São essas empresas que definem o tipo de construções e equipamentos, as linhagens e o tipo de ração utilizados, e os aditivos e os medicamentos fornecidos aos animais (Albernaz-Gonçalves; Olmos Antillón; Hötzel, 2022b; Miele; Almeida, 2013, 2023). Isso reforça a perda de autonomia dos produtores rurais sobre o gerenciamento de seus insumos e de sua propriedade, criando um ciclo de retroalimentação desses grupos de poder, cada vez mais ricos e poderosos. Além disso, a assistência técnica oferecida aos produtores rurais através das cooperativas e profissionais independentes está invariavelmente associada à venda de produtos (Albernaz-Gonçalves; Olmos Antillón; Hötzel, 2021, 2022b). Por exemplo, o serviço veterinário é atrelado à venda de medicamentos ou insumos nutricionais, o que reforça o uso excessivo de antibióticos nos animais.

Porcos de pele rosada e frangos de penas brancas: a monotonia genética da avicultura e suinocultura intensivas

A monotonia genética dos sistemas de criação de aves e suínos se evidencia pelo número restrito de raças que compõem as linhagens industriais. Nas linhagens genéticas de aves, as empresas Cobb Vantress, responsável pela linhagem Cobb, e Aviagen, que produz reprodutores da linhagem Ross, dominam o mercado de aves na América Latina (Avisite, 2025). Ambas as linhagens são reconhecidas pela precocidade e produtividade de seus animais.

O melhoramento genético dos frangos de corte é baseado em produtividade em detrimento da saúde e do bem-estar das aves. O desenvolvimento muscular acelerado das linhagens de crescimento rápido não tem suporte fisiológico adequado e, por isso, as aves desenvolvem problemas musculoesqueléticos, insuficiências cardiovasculares e maior suscetibilidade a patógenos ambientais (Zou *et al.*, 2020). Desordens musculoesqueléticas resultam em problemas locomotores e desclassificam carcaças nos abatedouros. Espondilolistese, discondroplasia tibial e pododermatites podais são exemplos de enfermidades articulares e esqueléticas que limitam a locomoção dos frangos (Liu *et al.*, 2023). *Wooden breast* e *white striping* são miopatias que causam inflamação e fibrose, danificando o músculo peitoral dos frangos e gerando desvalorização das carcaças (Anthney *et al.*, 2025; Jung; Kim; Voy, 2024; Norring *et al.*, 2019). Tanto miopatias quanto lesões articulares causam dor, restringem o movimentos das aves e prejudicam seu acesso à água e à alimentação (Norring *et al.*, 2019). Embora essas patologias signifiquem descartes de animais ou perdas no abatedouro, manter a monotonia genética compensa economicamente para as agroindústrias, visto que os ganhos suplantam as perdas do plantel.

Na suinocultura, o repertório genético de linhagens deriva de cinco raças principais: Landrace, Large White, Pietrain, Duroc e Hampshire. Assim como na avicultura, observamos uma empresa predominante, a Agroceres PIC, que detém a maior parte do mercado de genética suína no Brasil e na Argentina. A seleção genética de suínos amplificou a incidência de problemas congênitos (fenda palatina, polidactilia, hérnia inguinal e umbilical, anastomose anorretal/aproctia), problemas locomotores, síndrome do estresse suíno (PSS), agressividade e problemas de subfertilidade (Kazantseva *et al.*, 2025; Li *et al.*, 2025; See; Rothschild; Christians, 2019).

É importante mencionar que aves e suínos de linhagens de crescimento rápido apresentam resposta imunológica debilitada e, dessa forma, são mais suscetíveis aos patógenos ambientais (Albernaz-Gonçalves; Olmos Antillón; Hötzel, 2022a; Humphrey, 2006; Li *et al.*, 2025). De acordo com a teoria da alocação de recursos, o metabolismo animal sempre gastará a menor quantidade possível de recursos, distribuindo-os de acordo com suas prioridades. Assim, quando os recursos são consumidos por uma determinada função metabólica, ficam indisponíveis para outras funções (Beilharz; Luxford; Wilkinson, 1993). Isso significa que aves e suínos selecionados geneticamente para crescimento rápido dispendem mais recursos para seu ganho de peso do que para sua resposta imune, por exemplo. Essa fragilidade imunológica intrínseca contribui de modo direto para a dependência de antibióticos dos sistemas intensivos na avicultura e suinocultura (Albernaz-Gonçalves; Olmos Antillón; Hötzel, 2022a).

Interligando bem-estar animal e antibióticos

As granjas de aves e suínos seguem um padrão construtivo cuja função é facilitar o manejo dos animais pelas pessoas, não necessariamente voltado às necessidades dessas espécies. Os ambientes de criação de aves e suínos, além de monótonos (por exemplo, sem enriquecimento ambiental, com luminosidade artificial constante), são insalubres e contaminados, não ergonômicos, com alta densidade animal, sem acesso à luz solar, com pisos irregulares ou camas ruins (Albernaz-Gonçalves; Olmos Antillón; Hötzel, 2022a; Wilcox *et al.*, 2024). As práticas de manejo são também potencialmente estressoras. Os tratadores nem sempre são treinados de forma adequada para lidar com animais, causando-lhes medo, estresse e lesões durante o manejo de rotina (Tallet; Brajon, 2024). Além disso, desde jovens, os animais são submetidos a práticas dolorosas, como debicagem, castração, corte de cauda, desgaste dentário (Herskin; Giminiani, 2017) e introdução de indivíduos desconhecidos ao grupo, e são sujeitados a horas de transporte com variações bruscas de temperatura (Albernaz-Gonçalves; Olmos Antillón; Hötzel, 2022a; Albernaz-Gonçalves *et al.*, 2024). Todos esses fatores geram estresse crônico e estados afetivos negativos, prejudicando a sua resposta imunológica e predispondo-os a patógenos ambientais (Albernaz-Gonçalves; Antillón; Hötzel, 2022a; Humphrey, 2006). Na figura 2, mostramos uma representação gráfica dos principais fatores de estresse que resultam direta ou indiretamente no uso de antibióticos nas granjas de suínos.

Figura 2 – Representação gráfica dos principais fatores de estresse que resultam no uso de antibióticos nas granjas de suínos

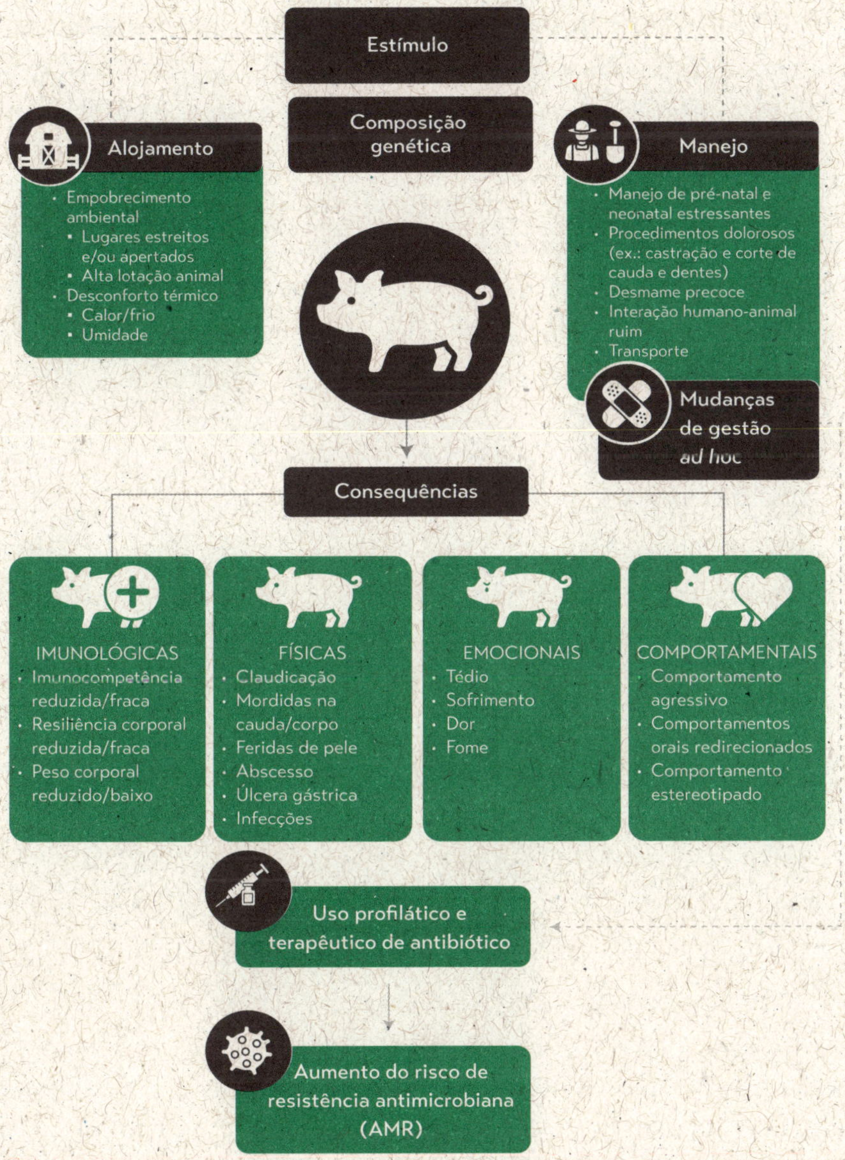

Fonte: adaptado de Albernaz-Gonçalves, Olmos Antillón e Hötzel (2022a).

Para manter os animais vivos e relativamente saudáveis, diversos princípios ativos de antibióticos são adicionados nas dietas em determinados períodos. Estima-se que suínos, por exemplo, passem três quartos de suas vidas recebendo antibióticos, principalmente para prevenir infecções presumidas em momentos de estresse (Albernaz-Gonçalves; Olmos Antillón; Hötzel, 2021; Dutra *et al.*, 2021). Na avicultura, as aves recebem antibióticos promotores de crescimento durante quase todo o ciclo de vida (42 dias) (Bokma *et al.*, 2014). Mesmo em criações consideradas *antibiotic free*, os animais recebem algum tipo de medicamento para controle de doenças entéricas, como os ionóforos em frangos de corte, por exemplo (Karavolias *et al.*, 2018). Por não serem considerados antibióticos clinicamente importantes para humanos e por serem categorizados como aditivos, a legislação brasileira não proíbe seu uso, embora estudos recentes sugiram que os ionóforos sejam poluentes subnotificados (Konopka *et al.*, 2022), o que pode contribuir para a disseminação de bactérias e genes resistentes no ambiente.

Impactos ambientais da criação intensiva de aves e suínos

A monotonia ambiental também impacta o uso de recursos naturais, como água, solo e energia. Muitos desses recursos são aplicados para manter as granjas de aves e suínos, tanto para criação dos animais quanto nas plantas frigoríficas. Por exemplo, o consumo de água potável nessas estruturas, associado com a água de limpeza, pode totalizar 600 L/porca/ano (Palhares, 2011). Nas granjas avícolas, um frango que consuma 4 kg de ração beberá cerca de 8 L de água até o abate (Viola *et al.*, 2011), em temperaturas amenas. Com picos de calor, o consumo de água aumenta 6% a cada 1 °C acima de 25 °C (Viola *et al.*, 2011). Para abater 1 kg de peso vivo, um frango consome 8,2 L de água potável durante toda sua vida, enquanto, para abater 1 kg de frango, são necessários 16 L de água (Bellaver; Oliveira, 2009). Também é preciso considerar a alimentação animal como parte importante da "pegada hídrica" da pecuária intensiva, uma vez que 85% dos grãos produzidos alimentam os animais e 72% da água doce do mundo serve para irrigação (Oliveira; Moretti, 2024).

Os custos energéticos também devem ser considerados, visto que a maior parte das granjas depende de equipamentos automatizados para alimentação, aquecimento e iluminação. A falta de mão de obra no meio rural estimula investimentos em automatização das granjas que demandam muita energia elétrica. As granjas de suínos que investem em modelos de energia limpa, como energia solar e biogás, ainda são inexpressivas no contexto brasileiro. O custo energético pesa no orçamento dos criadores de frangos, sobretudo dos que utilizam sistemas *dark house* com ambiente controlado. Um estudo realizado pela Confederação da Agricultura e Pecuária do Brasil (CNA) mostrou que, nos últimos sete anos, os avicultores tiveram margens negativas de lucratividade, sendo que o consumo energético contribuiu significativamente para maiores custos de produção (CNA, 2024).

O impacto ambiental dos sistemas agroalimentares de aves e suínos é expressivo e deve ser considerado. Em relação à emissão de gases de efeito estufa (GEE), a substituição da carne bovina por frango como alternativa ambientalmente correta é amplamente discutida (Sutton; Lotsch; Prasann, 2024; Verkuijl *et al.*, 2024). Essa afirmação não é totalmente verdadeira, pois desconsidera outros fatores que contribuem para a contaminação ambiental como um todo. Se, por um lado, o impacto dos ruminantes sobre o aquecimento global é maior do que o de aves e suínos, por outro, o cultivo da soja, que compõe o principal componente proteico da alimentação desses animais, contribui substancialmente com os GEE emitidos no Brasil, devido às áreas de desmatamento utilizadas para plantio (Lathuillière *et al.*, 2022; Lima, 2024). Além disso, o desmatamento possibilita a abertura de áreas nativas habitadas por animais silvestres e aves migratórias, que podem ser vetores de doenças, tais como H5N1 (Wallace, 2020). A aproximação de animais silvestres em criações intensivas e áreas urbanas facilita o surgimento de infecções exóticas e potenciais pandemias, a exemplo da covid-19 (Wallace, 2020), e a disseminação de microrganismos resistentes (AMR) para o meio silvestre (Grilo *et al.*, 2020).

Outros contaminantes ambientais importantes relacionados à avicultura e à suinocultura intensiva confinada são os dejetos produzidos em sistemas intensivos e o destino dos animais mortos. A concentração de dejetos em sistemas intensificados é muito maior do que em sistemas ao ar livre. O tipo de piso e o consumo de água interferem diretamente no volume de dejetos produzidos. Nas granjas convencionais de suínos, os pisos de concreto sem cama ou material absorvente produzem um grande volume de dejetos líquidos, que precisam ser armazenados adequadamente em esterqueiras, biodigestores ou lagoas de decantação. Apesar de haver leis ambientais acerca do destino dos dejetos na suinocultura, não há regras únicas entre estados, nem fiscalização adequada. Há cerca de vinte anos, houve um incentivo de agroindústrias para construção de biodigestores e uso do biogás proveniente da fermentação desses dejetos. Contudo, o custo alto de manutenção e a má fermentação devido aos resíduos de antibióticos presentes nas fezes prejudicaram a continuidade dessa tecnologia no Brasil (Ramos *et al.*, 2024). Ademais, os dejetos de aves e suínos são comumente utilizados na fertilização de lavouras, mas, quando esse material não é tratado adequadamente, pode conter antibióticos residuais ou microrganismos resistentes que compartilharão genes de resistência com os microrganismos presentes no solo, induzindo mais resistência, poluição ambiental e riscos à saúde e à segurança alimentar

(Gržinić *et al.*, 2023; Tian *et al.*, 2021). Nos Estados Unidos, a cama de aviário utilizada para alimentação do gado leiteiro constitui vetor importante da contaminação cruzada da H5N1 em mamíferos, tais como vacas, gatos e trabalhadores rurais (Harvilla, 2025; Schreiber, 2025). No Brasil, essa prática não é permitida, de acordo com a IN n. 8/2004. Embora de acordo com a legislação brasileira as carcaças mortas devam ser colocadas em composteira, não é incomum encontrar valas com animais mortos ou animais em decomposição em campo aberto, servindo de alimento para outros animais no campo, inclusive ruminantes.

"Desintensificar é preciso": repensando o bem-estar de aves e suínos na era pós-antibiótica

A monotonia do sistema agroalimentar de aves e suínos tem sua origem marcada por um modelo de produção homogeneizador, verticalizado, intensamente dependente de maquinários e de aditivos químicos (Maciel; Troian; Oliveira, 2022). A transição de uma agricultura mista em pequena escala para as *factory farms* trouxe consigo o ideário de modernização e desenvolvimento rural, modificando profundamente as relações entre agricultor, animais e a vida no campo. Em vez de criar os animais, o agricultor passou a produzi-los em escala industrial, em uma lógica fabril de objetificação e de negação cartesiana de sua senciência, conforme denunciou Ruth Harrison em *Animal machines* (Cole, 2011). A produção em larga escala resultou em animais altamente produtivos, porém com bem-estar animal pobre, imunodeprimidos e altamente dependentes de antibióticos. Além disso, os impactos da resistência antimicrobiana, fruto do mau uso de antibióticos, são inegáveis à saúde do planeta. A Organização Mundial da Saúde (OMS) estima

39 milhões de mortes por infecções resistentes até 2050 (Naddaf, 2024; Woolhouse *et al.*, 2015), o que reforça a urgência da transição para sistemas de criação animal menos intensivos em que se reduzam esses medicamentos.

Preocupações com o bem-estar animal, sustentabilidade e segurança alimentar têm motivado consumidores a buscar alimentos certificadamente saudáveis e sustentáveis (Hötzel; Vandresen, 2022). Algumas empresas têm demonstrado interesse em mudanças que preconizem a sustentabilidade e o bem-estar animal, por exemplo, o compromisso de marcas como McDonald's e Hellmann's em utilizar ovos de sistemas de postura livre de gaiolas. Contudo, as mudanças nos sistemas de criação intensiva precisam ir além de rótulos amigáveis.

Os resultados econômicos provenientes da intensificação agrícola promovida no século XX não justificam a insustentabilidade socioambiental das *factory farms* brasileiras no século XXI. Economias emergentes sustentadas pelo agronegócio, como o Brasil, precisam modificar suas práticas para responder às demandas internacionais relacionadas à emergência climática e ao bem-estar animal, bem como garantir alimentos seguros, saudáveis e éticos à sua população (Von Keyserlingk; Hötzel, 2015).

A intenção principal deste capítulo não é propor um modelo de "granja ideal" a ser adotado. Ao argumentar sobre os fatores que geram a monotonia das criações de aves e suínos, o que se sugere é a necessidade de estratégias diversificadas e agroecológicas que se adequem aos diferentes contextos socioeconômicos e culturais do nosso país. Alguns exemplos na avicultura e na suinocultura podem inspirar sua adoção nos diferentes tipos de criação, desde agricultura familiar a criação em larga escala.

Desintensificar é preciso, e uma das formas é retornar a sistemas semi-intensivos de criação animal. O resgate de tecnologias mais simples compreende esse nicho de mercado que busca alimentos "verdes". Contudo, a garantia de saúde e segurança alimentar não pode estar limitada a sistemas de criação gourmetizados cujo objetivo são as camadas sociais de maior poder aquisitivo. Para garantir aos consumidores de todos os níveis sociais soberania e segurança alimentar, a desintensificação deve ser premissa universal de todos os modelos de criação de aves e suínos e um compromisso de todos os atores da cadeia produtiva.

A criação de aves coloniais ou caipiras é um modelo de produção sustentável, pois promove bem-estar animal às galinhas, reduz o uso de insumos químicos e aditivos nutricionais e gera alimentos com baixos custos de produção (Oliveira *et al.*, 2022). A avicultura colonial se baseia nos mesmos princípios norteadores da avicultura convencional, com menor demanda de insumos devido à diversificação alimentar. A variedade nutricional da avicultura colonial, através do uso de alimentos variados presentes nas propriedades rurais (hortaliças, vegetais variados, pastagens), propicia a obtenção de um alimento diferenciado. Em relação ao bem-estar dos animais, o acesso a áreas de pastagens externas possibilita o exercício e uma interação saudável entre as aves, reduzindo o estresse e os comportamentos estereotipados, como a bicagem de penas. Ao se exercitar, as aves fortalecem suas articulações e membros, evitando problemas locomotores como os mencionados anteriormente neste capítulo. Além disso, ao diminuir o tempo das aves em locais fechados e reduzir a densidade animal, evitam-se doenças respiratórias e digestivas comuns na avicultura intensiva. Um cuidado redobrado deve ser tomado em relação ao contato com pássaros e aves migratórias, devido à disseminação de gripe aviária.

A consorciação da criação avícola com a produção de hortaliças é uma alternativa agroecológica para complementar a alimentação das famílias e aumentar a diversificação dos alimentos produzidos na propriedade rural. A Produção Agroecológica Integrada e Sustentável (PAIS) é uma metodologia que busca produzir alimentos de origem vegetal e animal com o mínimo de insumos agrícolas, a fim de aperfeiçoar o uso dos recursos naturais presentes na propriedade rural (Sebrae, 2009). Ela consiste em plantar uma horta em forma de mandala, em torno de um aviário colonial (corte ou postura), podendo ser incluídas árvores frutíferas em seu entorno (Oliveira *et al.*, 2022). Toda excreta produzida pelas aves serve como adubação orgânica para as hortaliças, e o excedente da horta alimenta as aves, as quais têm acesso a um piquete cercado com pastagem para ciscar e poder expressar seus comportamentos naturais. Quanto ao fornecimento de água, toda estrutura de irrigação da horta é construída de forma a otimizar o uso da água e favorecer o baixo gasto energético.

Os sistemas silvipastoris podem ser utilizados para criação de suínos e aves, apesar de sua maior influência na criação de ruminantes. O sistema intensivo de suínos criados ao ar livre (SISCAL) consiste em um sistema agroecológico que propicia aos animais expressar seus comportamentos naturais ao oportunizar espaços livres de pastejo e exploração. Embora pouco explorados no Brasil, esses sistemas podem melhorar o bem-estar dos suínos pelo microclima criado pelo sombreamento das árvores (Soares; Schlemper; Schlemper, 2024) e por diminuir a densidade animal, o que minimiza os impactos ambientais oriundos dos dejetos líquidos e tem custos menores de implantação (Abreu; Abreu; Dalla Costa, 2001; Galdino; Silva; Silva, 2025).

Outras modificações podem ser adotadas em granjas intensivas, como abertura de espaços para piquetes externos, utilização de energias renováveis (energia fotovoltaica ou biogás), captação de água da chuva, instalação de telhado verde, e demais estratégias amplamente utilizadas em arquiteturas urbanas e que serviriam para melhorar os ambientes e a eficiência energética. O fornecimento de substratos – como cama, palha, poleiros e brinquedos – também ajuda a minimizar os efeitos negativos da monotonia dos ambientes de criação de aves e suínos. Mudanças de paradigma provocam ceticismo e resistência, sobretudo em relação a práticas estabelecidas há mais de meio século. Os antibióticos permitiram ao sistema agroindustrial produzir carne barata em grande quantidade, embora seus impactos negativos não sejam facilmente mensuráveis. É um grande desafio compatibilizar a demanda crescente de proteína animal com a desintensificação, que exige a redução do tamanho dos plantéis e da densidade animal. Entretanto, problemas como resistência antimicrobiana, contaminação ambiental e crueldade animal não podem mais ser ignorados, e urge a necessidade de se estabelecerem novos paradigmas. Várias pesquisas mostram resultados promissores em sistemas de criação ao ar livre de aves e suínos (Delsart *et al.*, 2020; Fiorilla *et al.*, 2023; Sánchez-Casanova *et al.*, 2020), evidenciando que é possível desintensificar e produzir proteína animal de qualidade. Esse tema constitui uma urgência significativa de pesquisa para o desenvolvimento de novas tecnologias agroecológicas sustentáveis.

Considerações finais

Neste capítulo, foram discutidos os vários problemas causados pela monotonia dos sistemas de criação animal, especialmente pelos sistemas intensivos de aves e suínos, com prejuízos não só para os animais, como também para a saúde pública e o meio ambiente. Essa monotonia é intrínseca ao modelo de produção em escala, padronizado, de baixo custo e descompromissado com pautas sociais ou ambientais. A resistência antimicrobiana (AMR) é uma emergência de saúde pública global que preocupa as entidades de saúde devido às predições de mortes por infecções resistentes, e o uso de antibióticos na criação animal contribui significativamente para esse problema. Desintensificar é preciso e adequar os sistemas intensificados para modelos semi-intensivos exigirá uma reorganização profunda da cadeia agroindustrial, desde a estrutura das granjas até a logística de carregamento de animais para abatedouros. Trata-se de uma proposta audaciosa e complexa, que demandará esforços de diferentes atores sociais e políticos para o estabelecimento de novos paradigmas da criação. Romper com a monotonia é essencial para promover sistemas de produção comprometidos com os temas atuais como justiça alimentar, emergência climática e resistência aos antibióticos.

Referências

ABREU, P. G. de; ABREU, V. M. N.; DALLA COSTA, O. A. Avaliação de coberturas de cabanas de maternidade em sistema intensivo de suínos criados ao ar livre (Siscal), no verão. **Revista Brasileira de Zootecnia**, v. 30, n. 6, p. 1728-1734, 2001.

ALBERNAZ-GONÇALVEZ, R. *et al.* Animal welfare for a healthy and sustainable agrifood system. *In*: **T20 Policy Brief**: Task Force 01 – Fighting Inequalities, Poverty, and Hunger. [*S. l.*]: T20 Brasil, 2024.

ALBERNAZ-GONÇALVES, R.; OLMOS ANTILLÓN, G.; HÖTZEL, M. J. Exploring farmers' reasons for antibiotic use and misuse in pig farms in Brazil. **Antibiotics**, v. 10, n. 3, p. 331, 2021.

ALBERNAZ-GONÇALVES, R.; OLMOS ANTILLÓN, G.; HÖTZEL, M. J. Linking animal welfare and antibiotic use in pig farming – a review. **Animals**, v. 12, n. 2, p. 216, 2022a.

ALBERNAZ-GONÇALVES, R.; OLMOS ANTILLÓN, G.; HÖTZEL, M. J. Waiting for markets to change me – high-stakeholders' views of antibiotic use and antibiotic resistance in pig production in Brazil. **Frontiers in Veterinary Science**, v. 9, 2022b.

ALIANIMA. **Observatório suíno**. 5. ed. São Paulo: Alianima, 2024.

ANTHNEY, A. *et al.* Evaluating the effectiveness of probiotic and multivalent vaccination strategies in mitigating bacterial chondronecrosis with osteomyelitis lameness using a hybrid challenge model. **Animals**, v. 15, n. 4, p. 570, 2025.

ASSOCIAÇÃO BRASILEIRA DE PROTEÍNA ANIMAL (ABPA). **Relatório Anual 2025**. São Paulo: ABPA, 2025.

AVISITE. Cobb-Vantress celebra 30 anos no Brasil com evento histórico junto a mais de 90% da produção avícola do Brasil. **Avisite**, 20 maio 2025. Disponível em: https://www.avisite.com.br/cobb-vantress-celebra-30-anos-no-brasil-com--evento-historico-junto-a-mais-de-90-da-producao-avicola-do-brasil/#gsc.tab=0. Acesso em: 12 set. 2025.

BEILHARZ, R. G.; LUXFORD, B. G.; WILKINSON, J. L. Quantitative genetics and evolution: is our understanding of genetics sufficient to explain evolution? **Journal of Animal Breeding and Genetics**, v. 110, n. 1-6, p. 161-170, 1993.

BELLAVER, C.; OLIVEIRA, P. A. Balanço de água nas cadeias de aves e suínos. **Avicultura Industrial**, v. 101, n. 1183, p. 39-44, 2009.

BOKMA, M. *et al.* **Antibiotic use in Brazilian broiler and pig production**: an indication and forecast of trends. Lelystad: Wageningen UR Livestock Research, 2014. Disponível em: http://edepot.wur.nl/297414. Acesso em: 19 ago. 2025.

BRASIL. Ministério da Agricultura, Pecuária e Abastecimento. **Instrução Normativa nº 8/2004, de 25 de março de 2004**. 26 mar. 2004. Disponível em: https://www.gov.br/agricultura/pt-br/assuntos/insumos-agropecuarios/insumos-pecuarios/alimentacao-animal/arquivos-alimentacao-animal/legislacao/instrucao-normativa-no-8-de-25-de-marco-de-2004.pdf. Acesso em: 12 set. 2025.

COLE, M. From "Animal Machines" to "Happy Meat"? Foucault's ideas of disciplinary and pastoral power applied to "animal-centred" welfare discourse. **Animals**, v. 1, n. 1, p. 83-101, 2011.

CONFEDERAÇÃO DA AGRICULTURA E PECUÁRIA DO BRASIL (CNA). Margens da avicultura de corte integrada: situação atual, histórico e pontos de atenção. **CNA**, 9 set. 2024. Disponível em: https://www.cnabrasil.org.br/publicacoes/margens-da-avicultura-de-corte-integrada-situacao-atual-historico-e-pontos--de-atencao. Acesso em: 3 maio 2025.

CONFEDERAÇÃO DA AGRICULTURA E PECUÁRIA DO BRASIL (CNA). PIB do agronegócio fecha 2024 com crescimento de 1,81%. **CNA**, 9 abr. 2025. Disponível em: https://www.cnabrasil.org.br/noticias/pib-do-agronegocio-fecha-2024-com-crescimento-de-1-81. Acesso em: 12 set. 2025.

COSTA, A. J. D. Gestão dos herdeiros ou de profissionais nas empresas familiares: o caso da Perdigão. **Revista de Economia Contemporânea**, v. 11, n. 2, p. 197-225, 2007.

DELSART, M. *et al.* Pig farming in alternative systems: strengths and challenges in terms of animal welfare, biosecurity, animal health and pork safety. **Agriculture**, v. 10, n. 7, p. 261, 2020.

DUTRA, M. C. *et al.* Antimicrobial use in Brazilian swine herds: assessment of use and reduction examples. **Microorganisms**, v. 9, n. 4, p. 881, 2021.

FERREIRA, J. C. *et al.* Dynamics of the thermal environment in climate-controlled poultry houses for broiler chickens. **AgriEngineering**, v. 6, n. 4, p. 3891-3911, 2024.

FIORILLA, E. *et al.* Productive performances of slow-growing chicken breeds and their crosses with a commercial strain in conventional and free-range farming systems. **Animals**, v. 13, n. 15, p. 2540, 2023.

GALDINO, M. E. F.; SILVA, T. de A.; SILVA, A. M. da. Suinocultura sustentável: a experiência extensionista no processo de transição agroecológica na Chapada do Araripe. **Cadernos de Agroecologia**, v. 20, n. 1, 2025. Trabalho apresentado no 2º Congresso Internacional de Agroecologia e Desenvolvimento Territorial, 2025.

GENOVA, J. L. *et al.* Aminoácidos limitantes na nutrição de suínos. **Revista Eletrônica Nutritime**, v. 14, n. 5, p. 1-14, 2017.

GIONGO, C. R.; MONTEIRO, J. K. Trabalho cooperado na suinocultura: emancipação ou precarização? **Psicologia: Ciência e Profissão**, v. 35, n. 4, p. 1206-1222, 2015.

GIRALDELLO, A. A. *et al.* Manejo integrado de aves de corte no sistema Dark House. **Saber Científico**, v. 9, n. 2, p. 62-72, 2021.

GRILO, M. L. *et al.* The potential of *Aeromonas* spp. from wildlife as antimicrobial resistance indicators in aquatic environments. **Ecological Indicators**, v. 115, p. 106396, ago. 2020.

GRŽINIĆ, G. *et al.* Intensive poultry farming: a review of the impact on the environment and human health. **Science of the Total Environment**, v. 858, parte 3, p. 160014, 2023.

GUIMARÃES, D. *et al.* Suinocultura: estrutura da cadeia produtiva, panorama do setor no Brasil e no mundo e o apoio do BNDES. **BNDES Setorial**, v. 45, p. 85-136, 2017.

HARVILLA, B. As bird flu spreads to cows and infected people, here's what to know about the latest avian strains. **College of Veterinary Medicine – The**

Ohio State University, 26 fev. 2025. Disponível em: https://vet.osu.edu/news/bird-flu-spreads-cows-and-infected-people-heres-what-know-about-latest-avian-flu-strains. Acesso em: 19 ago. 2025.

HENTZ, C.; HESPANHOL, R. A. de M. A agroindústria de carnes de aves e suínos e o perfil dos produtores integrados na Microrregião Geográfica de Chapecó-SC. **Geosul**, v. 38, n. 87, p. 114-138, 2023.

HERSKIN, M. S., GIMINIANI, P. Pigs in pain: causes, mechanisms, and possibilities for future development. **Journal of Animal Science**, v. 95, n. 2, p. 2, 2017.

HÖTZEL, M. J.; VANDRESEN, B. Brazilians' attitudes to meat consumption and production: present and future challenges to the sustainability of the meat industry. **Meat Science**, v. 192, p. 108893, 2022.

HUMPHREY, T. Are happy chickens safer chickens? Poultry welfare and disease susceptibility. **British Poultry Science**, v. 47, n. 4, p. 379-391, 2006.

JUNG, U.; KIM, M.; VOY, B. H. Fibroadipogenic progenitors: a potential target for preventing breast muscle myopathies in broilers. **Frontiers in Physiology**, v. 15, p. 1458151, ago. 2024.

KARAVOLIAS, J. *et al.* Raised without antibiotics: impact on animal welfare and implications for food policy. **Translational Animal Science**, v. 2, n. 4, p. 337-348, 2018.

KAZANTSEVA, A. *et al.* Genetic contributions to aggressive behaviour in pigs: a comprehensive review. **Genes**, v. 16, n. 534, p. 534, 2025.

KIRCHHELLE, C. Pharming animals: a global history of antibiotics in food production (1935-2017). **Palgrave Communications**, v. 4, n. 1, p. 96, 2018.

KONOPKA, J. K. *et al.* Environmental impacts of mass drug administration programs: exposures, risks, and mitigation of antimicrobial resistance. **Infectious Diseases of Poverty**, v. 11, n. 1, p. 78, 2022.

KUSBICK, F. A.; TARTAS, R. L. Fatores que influenciaram a implantação e desenvolvimento da agroindústria sob a ótica de Alfred Weber: o caso do oeste catarinense. **Revista Cadernos de Economia**, v. 19, n. 35, p. 47-64, 2015.

LATHUILLIÈRE, M. *et al.* Brazil soy supply chain (2004-2020) (Version 2.6) [Data set]. **Trase**, 2022. Disponível em: https://trase.earth/open-data/datasets/supply-chains-brazil-soy. Acesso em: 19 ago. 2025.

LENNON, S. Redução tarifária EUA-China impacta mercado da soja. **AgroLink**, 19 maio 2025. Disponível em: https://www.agrolink.com.br/noticias/reducao-tarifaria-eua-china-impacta-mercado-da-soja_502106.html. Acesso em: 19 ago. 2025.

LI, Y. *et al*. Genome-wide association study reveals genetic mechanisms underlying intersex and aproctia in large white pigs. **Animals**, v. 15, n. 8, p. 1094, 2025.

LIMA, P. N. A. **Análise da pegada de carbono das carnes bovina, suína e de frango**: uma revisão bibliográfica com enfoque global e considerações específicas para o Brasil. 2024. Monografia (Trabalho de Conclusão de Curso) – Escola Superior de Agricultura "Luiz de Queiroz", Universidade de São Paulo, Piracicaba, 2024.

LIU, K.-L. *et al*. Leg disorders in broiler chickens: a review of current knowledge. **Animal Biotechnology**, v. 34, n. 9, p. 5124-5138, 2023.

MACIEL, M. D. A.; TROIAN, A.; OLIVEIRA, S. V. de. Brasil do agro, país da fome: pensando estratégias para o desenvolvimento sustentável. **Espacio Abierto – Cuaderno Venezolano de Sociología**, v. 31, n. 3, p. 23-41, 2022.

MIELE, M.; ALMEIDA, M. M. T. B. **Caracterização da avicultura no Brasil a partir do Censo Agropecuário 2017 do IBGE**. Concórdia: Embrapa Suínos e Aves, 2023. (Documentos 241)

MIELE, M.; ALMEIDA, M. M. T. B. **Caracterização da suinocultura no Brasil a partir do Censo Agropecuário 2006 do IBGE**. Concórdia: Embrapa Suínos e Aves, 2013. (Documentos 240)

NADDAF, M. 40 million deaths by 2050: toll of drug-resistant infections to rise by 70. **Nature**, v. 633, n. 8031, p. 747-748, set. 2024.

NIERENBERG, D. Factory farming in the developing world – in some critical respects, this is not progress at all. **World Watch**, v. 16, n. 3, p. 10-19, 2003.

NORRING, M. *et al*. Wooden breast myopathy links with poorer gait in broiler chickens. **Animal**, v. 13, n. 8, p. 1690-1695, 2019.

O PRESENTE RURAL. Gigante da genética aposta na suinocultura do Centro-Oeste brasileiro. **O Presente Rural**, 8 jan. 2025. Disponível em: https://opresenterural.com.br/gigante-da-genetica-aposta-na-suinocultura-do-centro-oeste-brasileiro/. Acesso em: 12 set. 2025.

OLIVEIRA, A. *et al*. Produção agroecológica de hortaliças em sistema PAIS. **Informe Goiano, Circular de pesquisa aplicada**, v. 10, n. 3, p. 1-8, 2022.

OLIVEIRA, C. F. de; MORETTI, R. de S. Uso de água pela atividade pecuária no Brasil. **Le Monde Diplomatique Brasil**, 25 abr. 2024. Disponível em: https://diplomatique.org.br/agua-pecuaria-brasil/. Acesso em: 7 maio 2025.

PALHARES, J. Manejo hídrico na produção de suínos. **Ergomix**, 6 nov. 2011. Disponível em: https://pt.engormix.com/suinocultura/a-agua-suinocultura/manejo-hidrico-producao-suinos_a37014/. Acesso em: 19 ago. 2025.

RAMOS, J. G. V. da S. *et al.* Effects of ciprofloxacin on biogas production and microbial community composition in anaerobic digestion of swine wastewater in ASBR type reactor. **Environmental Technology**, v. 45, n. 10, p. 2076-2088, 2024.

ROSA, C. O. da *et al.* Avaliação de projetos de investimento na avicultura de corte após consolidação de preços do LED. **Navus – Revista de Gestão e Tecnologia**, v. 10, p. 1-20, 2020.

SÁNCHEZ-CASANOVA, R. *et al.* Do free-range systems have potential to improve broiler welfare in the tropics? **World's Poultry Science Journal**, v. 76, n. 1, p. 34-48, 2020.

SCHREIBER, M. Alarm as bird flu now "endemic in cows" while Trump cuts staff and funding. **The Guardian**, 22 fev. 2025. Disponível em: https://www.theguardian.com/us-news/2025/feb/22/bird-flu-virus-trump. Acesso em: 19 ago. 2025.

SECRETARIA DE AGRICULTURA DO ACRE (SEAGRI-AC). Cadeias produtivas da suinocultura e avicultura avançam e promovem geração de emprego e crescimento econômico no Acre. **ac.gov.br**, [2024]. Disponível em: http://agricultura.ac.gov.br/cadeias-produtivas-da-suinocultura-e-avicultura-avancam-e-promovem-geracao-de-emprego-e-crescimento-economico-no-acre/. Acesso em: 12 set. 2025.

SEE, M. T.; ROTHSCHILD, M. F.; CHRISTIANS, C. J. Determining the causes of abnormalities. **Hogs, Pigs, and Pork Community of Practice**, 28 ago. 2019. Disponível em: https://swine.extension.org/swine-genetic-abnormalities/. Acesso em: 20 ago. 2025.

SERVIÇO BRASILEIRO DE APOIO ÀS MICRO E PEQUENAS EMPRESAS (SEBRAE). **PAIS**: Produção agroecológica integrada e sustentável – mais alimento, trabalho e renda no campo. Brasília, DF: Sebrae, 2009.

SOARES, E. L.; SCHLEMPER, S. R. de M.; SCHLEMPER, V. Comportamento de suínos da raça Moura em sistema silvipastoril. **Ciência Animal Brasileira**, v. 25, 79178P, 2024.

SORJ, B.; POMPERMAYER, M. J.; CORADINI, O. L. **Camponeses e agroindústria**: transformação social e representação política na avicultura brasileira. Rio de Janeiro: Centro Edelstein de Pesquisas Sociais, 2008.

SUTTON, W. R.; LOTSCH, A.; PRASANN, A. **Recipe for a livable planet**: achieving net zero emissions in the agrifood system. Washington, DC: World Bank Group, 2024.

SUPERINTENDÊNCIA DO DESENVOLVIMENTO DO NORDESTE (SUDENE). Fortalecimento da avicultura no Nordeste foi tema de reunião na Sudene. **gov. br**, 28 set. 2023. Disponível em: https://www.gov.br/sudene/pt-br/assuntos/noticias/fortalecimento-da-avicultura-no-nordeste-foi-tema-de-reuniao-na-sudene. Acesso em: 12 set. 2025.

TALAMINI, D. J. D; SCHEUERMANN, G.; MARTINS, F. M. O mercado mundial de carnes e a avicultura brasileira. **Anuário 2025 da Avicultura Industrial**, ed. 1337, ano 115, n. 7, p. 14-27, 2024.

TALLET, C., BRAJON, S. Pig-human interactions: creating a positive perception of humans to ensure pig welfare. *In*: CAMERLINK, I.; BAXTER, E. M. (ed.). **Advances in pig welfare**. 2. ed. [*S. l.*]: Woodhead Publishing, 2024.

TIAN, M. *et al*. Pollution by antibiotics and antimicrobial resistance in livestock and poultry manure in China, and countermeasures. **Antibiotics**, v. 10, n. 5, p. 539, 2021.

TISEO, K. *et al*. Global trends in antimicrobial use in food animals from 2017 to 2030. **Antibiotics**, v. 9, n. 12, p. 918, 2020.

VERKUIJL, C. *et al*. Climate change, public health, and animal welfare: towards a one health approach to reducing animal agriculture's climate footprint. **Frontiers in Animal Science**, v. 5, p. 1281450, 2024.

VIOLA, E. S. *et al*. Água na avicultura: importância, qualidade e exigências. *In*: PALHARES, J. C. P.; KUNZ, A. (org.). **Manejo ambiental na avicultura**. Concórdia: Embrapa Suínos e Aves, 2011. (Documentos 149)

VON KEYSERLINGK, M. A. G.; HÖTZEL, M. J. The ticking clock: addressing farm animal welfare in emerging countries. **Journal of Agricultural and Environmental Ethics**, v. 28, n. 1, p. 179-195, 2015.

WALLACE, R. **Pandemia e agronegócio**: doenças infecciosas, capitalismo e ciência. São Paulo: Elefante, 2020.

WILCOX, C. H. *et al*. A literature review of broiler chicken welfare, husbandry, and assessment. **World's Poultry Science Journal**, v. 80, n. 1, p. 3-32, 2024.

WOODS, A. Decentring antibiotics: UK responses to the diseases of intensive pig production (ca. 1925-65). **Palgrave Communications**, v. 5, n. 1, p. 41, 2019.

WOODS, A. Rethinking the history of modern agriculture: British pig production, c.1910-65. 20 **Century British History**, v. 23, n. 2, p. 165-191, 2012.

WOOLHOUSE, M. *et al.* Antimicrobial resistance in humans, livestock and the wider environment. **Philosophical Transactions of the Royal Society of London. Series B, Biological Sciences**, v. 370, n. 1670, p. 20140083, 2015.

ZOU, A. *et al.* Accumulation of genetic variants associated with immunity in the selective breeding of broilers. **BMC Genetics**, v. 21, n. 1, p. 5, 2020.

4. A MONOTONIA NOS SISTEMAS DE PRODUÇÃO DE BOVINOS NO BRASIL: RAÍZES HISTÓRICAS E CAMINHOS PARA A DIVERSIFICAÇÃO SUSTENTÁVEL

Judson Ferreira Valentim

Contexto

No Brasil, a agricultura se tornou um dos pilares da economia graças a avanços impressionantes em produtividade nas últimas décadas (Buainain *et al.*, 2024). A ampliação do uso de tecnologias explica a maior parte do crescimento no valor bruto da produção agropecuária, fator produtivo cuja participação aumentou de 51%, em 1995, para 61% em 2017 (Alves; Vieira Filho, 2023). O agronegócio responde ainda por 26% das ocupações totais no país (Cepea-Esalq/USP; CNA, 2025a) e por 22% do produto interno bruto (PIB) nacional em 2024 (Cepea-Esalq/USP; CNA, 2025b). Apesar de ser o terceiro maior produtor e o segundo maior exportador agroalimentar do mundo, o Brasil continua enfrentando desafios consideráveis para garantir a segurança alimentar de sua população (Paviot *et al.*, 2025). Também persistem desigualdades: em 2024, 4,4% da população vivia em extrema pobreza, 27,4% em pobreza, e o Índice de Gini de renda domiciliar foi de 0,520 (IBGE, 2024).

Além disso, a agropecuária brasileira foi responsável direta por 28% das emissões brutas de gases de efeito estufa (GEE) em 2023. As mudanças de uso da terra responderam por mais de 46% das emissões totais de GEE no Brasil no mesmo ano (Tsai *et al.*, 2024). O país é identificado como um "ponto crítico" global de mudanças climáticas, com aumentos de temperatura, alteração nos padrões de precipitação, frequência e intensidade de eventos climáticos extremos (Marengo *et al.*, 2021). Essas mudanças climáticas representam ameaças significativas à resiliência e produtividade do setor agropecuário, potencialmente minando o progresso alcançado nas últimas décadas.

A pecuária bovina brasileira, uma das maiores do mundo em volume e extensão territorial, é parte importante do sistema alimentar mundial, ainda que caracterizada por formas de monotonia que comprometem sua sustentabilidade ecológica, econômica e social (Abramovay *et al.*, 2023; Abramovay; Favareto, 2025; Fearnside, 2005). Está presente em 2,52 milhões de estabelecimentos agropecuários, dos quais 76% são familiares (IBGE, [2025b]). Em 2023, o país possuía um rebanho de 238,6 milhões de cabeças (IBGE, 2025c).

Este capítulo se divide em quatro partes. Inicialmente, faz uma contextualização do cenário da agropecuária nacional. Em seguida, apresenta uma síntese da trajetória e dos impactos da homogeneização da pecuária bovina à pasto no Brasil. Na terceira parte, apresenta as tipologias de sistemas de produção de pecuária bovina a pasto no Brasil. Por fim, na quarta parte, apresenta propostas de estratégias e de políticas que visam à transição para sistemas biodiversos e multifuncionais de produção de pecuária bovina.

Trajetória e impactos da homogeneização da pecuária bovina a pasto no Brasil

As raízes históricas da pecuária bovina no Brasil remontam ao período colonial, com a introdução de raças ibéricas rústicas que se adaptaram ao clima tropical e à vegetação nativa (Luna; Klein, 2023; Homma, 2003). Inicialmente voltadas para tração e transporte, essas raças foram incorporadas à produção de carne e leite e se espalharam pelos sertões nordestinos, pelo Cerrado e pelas pastagens meridionais, conformando paisagens e práticas regionais (Dias-Filho; Lopes, 2020). A seleção natural e a miscigenação, ao longo do tempo, deram origem a raças crioulas adaptadas, como Curraleiro, Junqueira, Caracu, Crioulo Lageano e Pantaneiro (Egito, 2007).

Até meados do século XX, predominavam sistemas extensivos de baixa produtividade, baseados em pastagens nativas e com reduzido uso de insumos externos. Tais sistemas, mesmo rudimentares, mantinham elevada diversidade genética e ecológica (Luna; Klein, 2023). Na década de 1970, impulsionada por políticas de modernização e pela expansão da fronteira agrícola, a pecuária passou por um processo de intensificação baseado na conversão de áreas de vegetação nativa, principalmente nos biomas Amazônia, Cerrado e Mata Atlântica, em pastagens cultivadas com gramíneas exóticas africanas (Valentim; Andrade, 2009). No Brasil, cultivares de forrageiras do gênero *Urochloa* respondem por 75% das sementes produzidas (Landau; Simeão; Matos-Neto, 2020) e por 80% da área de pastagens cultivadas (Jank *et al.*, 2014). Apesar do aumento da produtividade forrageira e animal, esse modelo resultou em forte homogeneização das paisagens, perda de biodiversidade e redução da resiliência ecológica dos sistemas de produção (Resende *et al.*, 2015; Tilman *et al.*, 2002).

A consolidação de um modelo produtivo baseado na monocultura de pastagens foi acompanhada pela padronização genética dos rebanhos. Os programas de melhoramento animal focaram nas raças zebuínas (*Bos indicus*), especialmente Nelore, visando maior produtividade e eficiência alimentar (Panetto *et al.*, 2024; Campos *et al.*, 2017). Ao mesmo tempo, aumentou-se o cruzamento entre raças zebuínas e raças taurinas (*Bos taurus*) oriundas da Europa, visando ganhos em precocidade e qualidade da carcaça. Em 2024, cerca de 92% do rebanho era voltado à pecuária de corte, distribuído em 2,55 milhões de propriedades (ABIEC, 2024). Tecnologias reprodutivas, como a inseminação artificial, estão presentes em mais de 70% dos municípios brasileiros, com 25,7 milhões de doses de sêmen comercializadas (Asbia; Cepea-Esalq/USP, 2024).

Essas tecnologias trazem benefícios como melhoria genética, conservação de raças crioulas, maior controle zootécnico e melhor adequação dos sistemas às condições locais. Contudo, sua adoção exige altos investimentos e qualificação técnica, o que amplia a desigualdade entre produtores altamente capitalizados e pequenos e médios produtores descapitalizados e com baixo acesso a assistência técnica e crédito rural. Além disso, estudos apontam gargalos decorrentes do uso intensivo de genes de poucos reprodutores, comprometendo a variabilidade genética (Santana *et al.*, 2016).

Apesar dos ganhos de produtividade, o modelo baseado na padronização genética e na homogeneização das pastagens acarreta alta dependência de insumos externos (fertilizantes, medicamentos, suplementos, genética animal) e resulta em menor capacidade de resiliência e adaptação local e em maior vulnerabilidade às mudanças climáticas (Altieri *et al.*, 2015; Abramovay *et al.*, 2023; Abramovay; Favareto, 2025). Esses fatores impõem desafios à sustentabilidade ecológica, econômica e social da pecuária bovina brasileira. A monotonia dos sistemas de produção bovina no Brasil contribui, de forma significativa, para os seguintes problemas:

a. **Emissões de gases de efeito estufa (GEE)**: em 2020, o setor agropecuário contabilizou 477.670,5 Gg CO_2eq, representando 28,5% do total de emissões brasileiras. O subsetor fermentação entérica contribuiu com 57,0% do total das emissões do setor agropecuário (Brasil, 2022).
b. **Erosão da biodiversidade**: a substituição de ecossistemas nativos por monoculturas forrageiras compromete a biodiversidade vegetal e animal, além de extinguir saberes locais (Prado *et al.*, 2024; Hooper *et al.*, 2005).
c. **Degradação de solos e recursos hídricos**: o manejo inadequado de pastagens e a compactação do solo resultam em processos de degradação agrícola e biológica, os quais reduzem a capacidade produtiva (Dias-Filho, 2023) e intensificam a erosão e o assoreamento de corpos d'água (Lal, 2004). Em 2023, 42,21% das pastagens brasileiras apresentavam vigor moderado e 22,12% tinham baixo vigor (Lapig-UFG, [2025]), indicativos de degradação moderada a avançada.
d. **Vulnerabilidade climática**: a homogeneização torna os sistemas agropecuários menos resilientes a variações climáticas (secas e inundações), incidência de pragas e doenças que afetam as pastagens e os animais, impactando diretamente a estabilidade da produção (Mukhovi; Jacobi, 2022; Altieri *et al.*, 2015).
e. **Vulnerabilidade social**: em 2006, 66,01% dos estabelecimentos agropecuários brasileiros que declararam renda obtiveram renda bruta mensal entre 0 e 2 salários mínimos, o que significa 2,9 milhões de famílias pobres ou

> muito pobres e em situação vulnerável (Alves *et al.*, 2019), com grande parte dependente de programas governamentais de complementação de renda. Nesse segmento, está inserida boa parte dos pequenos produtores que desenvolvem a pecuária de cria como estratégia de caderneta de poupança (Valentim; Garrett, 2015).

Segundo Abramovay *et al.* (2023) e Abramovay e Favareto (2025), a América Latina apresenta as condições sociais e ambientais mais favoráveis para o crescimento de sistemas de produção de pecuária bovina a pasto, com potencial para conciliar a regeneração e manutenção dos serviços ecossistêmicos com o atendimento às crescentes demandas alimentares de uma população global prevista para ultrapassar 10 bilhões de pessoas em 2100 (UN, 2024).

O grande desafio para o desenvolvimento sustentável da pecuária bovina brasileira é ampliar a equidade na adoção de inovações tecnológicas e sociais que conciliem: 1) aumento da produtividade dos fatores de produção (capital natural, humano, de conhecimento e manufaturado); 2) redução da intensidade de emissões de GEE por unidade de proteína animal digestível produzida; 3) ampliação da biodiversidade, resiliência ambiental e socioeconômica dos sistemas de produção; 4) redução do desmatamento; 5) recuperação do passivo ambiental; e 6) inclusão produtiva dos milhões de produtores familiares que dependem da pecuária bovina para sua segurança alimentar e poupança.

Tipologias de sistemas de produção de pecuária bovina a pasto no Brasil

Neste tópico, apresentamos o agrupamento com as tipologias dos principais sistemas de produção de pecuária bovina a pasto no

Brasil. Essas tipologias foram estabelecidas tendo como referência o conhecimento empírico dos sistemas tradicionais, experiências de sucesso e literatura científica, quando disponíveis.

Sistemas extensivos em pastagens cultivadas

Essa tipologia tem como base pastagens plantadas em monocultura com cultivares desenvolvidas por instituições de pesquisa brasileiras ao longo dos últimos 50 anos (Embrapa, 2025; Landau; Simeão; Matos-Neto, 2020; Jank *et al.*, 2014; Euclides *et al.*, 2008), a partir de gramíneas forrageiras e exóticas vindas da África. Essa tipologia predomina nas áreas de conversão de vegetação nativa nos biomas brasileiros, exceto os biomas Pampa e Pantanal. Atualmente, os 164,6 milhões de hectares de pastagens cultivadas no Brasil se concentram nos biomas Amazônia (35,9%), Cerrado (31,0%), Mata Atlântica (17,6%) e Caatinga (13,9%) (MapBiomas Brasil, [2025]).

Da área total de pastagens, 74% apresentam vigor baixo a médio, indicando degradação avançada a moderada. Apenas 26% apresentam alto vigor, indicativo de pastagens produtivas (MapBiomas Brasil, [2025]). Adicionalmente, existem 42,2 milhões de hectares de áreas antropizadas que, devido à pequena extensão dos fragmentos, são caracterizadas como "mosaico de usos". Essas áreas se concentram em pequenas propriedades de produção familiar em todos os biomas brasileiros e são ocupadas predominantemente por pastagens em diferentes fases de degradação nos biomas Mata Atlântica (43,3%), Cerrado (31,7%) e Caatinga (19,2%) (MapBiomas Brasil, [2025]).

A capacidade de suporte das pastagens nesses sistemas de produção varia consideravelmente dependendo do seu nível de degradação. Pastagens de alto vigor podem suportar entre 1,3 e 1,6 unidades animais (UA) por hectare por ano (ha/ano). Em contraste, pastagens com algum nível de degradação apresentam capacidade de suporte menor, variando de 0,8 a 1,2 UA/ha/ano. Quando a degradação é moderada, a capacidade de suporte cai ainda mais, situando-se entre 0,4 e 0,7 UA/ha/ano. Áreas de pastagens já degradadas (comumente as mais afetadas) possuem uma capacidade de suporte de menos de 0,4 UA/ha/ano (Andrade; Valentim, 2019).

Essa tipologia inclui grande parte dos produtores familiares, que respondiam por 76% dos estabelecimentos agropecuários com atividade de pecuária e por 31% do rebanho bovino brasileiro em 2017. Um exemplo é o Acre, onde 93,6% das propriedades possuem rebanho bovino com até 500 cabeças e estas respondem por 54% do rebanho total do estado (Fernandes *et al.*, 2024). Nessa tipologia, 92% dos produtores familiares não têm acesso a assistência técnica pública (Assistência Técnica e Extensão Rural – ATER) e 96% não têm acesso a tratores. Entre os grandes produtores (não familiares), 80% também não têm acesso a ATER e 75% não possuem tratores (IBGE, [2025b]).

Essa tipologia explicita o retrato da desigualdade rural brasileira. Em 2006, 11,4% dos estabelecimentos agropecuários foram responsáveis por 87% do valor bruto da produção (VBP) da agropecuária (produção vendida, autoconsumo e indústria caseira). O restante, 88,6% dos estabelecimentos (3,9 milhões), contribuiu somente com 13%. Nesse grupo, cerca de 2,9 milhões de estabelecimentos (66% do total) produziram apenas 3,3% do VBP de 2006. Cada um desses estabelecimentos gerou meio salário mínimo mensal. A não adoção de melhores tecnologias era a principal responsável pela exclusão de milhões de estabelecimentos situados nas classes muito pobre e pobre, cerca de 3,9 milhões em 2006 (Alves *et al.*, 2019).

Sistemas extensivos tradicionais em pastagens nativas

Esses sistemas de produção ocorrem em áreas de vegetação nativa arbustiva e herbácea, tanto em terras firmes quanto em áreas inundáveis, em todos os biomas brasileiros (Santos *et al.*, 2023). Pastagens nativas são ecossistemas frágeis, em que um ou mais fatores ambientais são limitantes. Sua utilização demanda sistemas de manejo com base nos princípios de conservação dos recursos naturais (Stoddart; Smith; Box, 1975).

No bioma Amazônia, extensas áreas de pastagens nativas sempre desempenharam um papel de maior relevância na atividade pecuária desde a introdução de bovinos na região, em 1680 (Dias-Filho, 2019). As pastagens nativas do bioma Amazônia consistem em savanas bem drenadas, savanas mal drenadas e pastagens nativas de solos aluviais de várzea, as quais são utilizadas para pastejo de bovinos e bubalinos (Townsend; Costa; Pereira, 2012).

No bioma Caatinga, a manipulação da vegetação nativa com técnicas de rebaixamento, raleamento e enriquecimento para fins pastoris constitui importante prática de manejo para incrementar a produção de forragem, intensificar o pastejo, aumentar a capacidade de suporte no semiárido e contribuir para a preservação da pastagem nativa (Santos *et al.*, 2023; Muir *et al.*, 2019). Nesse bioma, boa parte da atividade pecuária é caracterizada pela criação de rebanhos mistos (Silva; Araújo Filho, Sousa, 2007). As taxas de lotação de áreas de caatinga usadas em pastejo podem variar de 1,0 a 22,0 UA/ha/ano (Araújo Filho *et al.*, 2006).

No bioma Pampa, boa parte de sua conservação se dá pelo uso com pastejo de animais domésticos. Suas pastagens nativas se caracterizam pela diversidade de espécies, tendo o ciclo de vida mais ativo durante a primavera e verão, sendo de extrema importância para a pecuária do Rio Grande do Sul (Santos *et al.*, 2023). Carvalho *et al.* (2011) defendem que é essencial a valorização dos produtos da bovinocultura produzidos em pastagens naturais, de forma a remunerar aqueles produtores que sigam boas práticas de manejo.

No bioma Pantanal, ocorre grande heterogeneidade de comunidades vegetais de florestas, cerrado e campos, dispostos ao longo do gradiente de inundação (Santos *et al.*, 2023). As extensas áreas de campos naturais são dominadas por gramíneas que favorecem a atividade de pecuária bovina a pasto, razão pela qual a região tem sua economia voltada principalmente para a exploração extensiva da pecuária de corte há mais de dois séculos (Santos *et al.*, 2011). A pecuária de corte é caracterizada como extensiva, com destaque especial para a fase de cria e recria de novilhas de reposição (Abreu; Oliveira; Balduino, 2021).

Santos *et al.* (2023) recomendam o desenvolvimento de políticas públicas que valorizem os serviços ecossistêmicos gerados nas pastagens nativas brasileiras, de forma a assegurar a remuneração adequada e estimular os produtores para maior sustentabilidade desses ecossistemas.

Sistemas a pasto com uso semi-intensivo a intensivo de insumos

Os sistemas de produção a pasto semi-intensivos e intensivos apresentam como base alimentar as pastagens homogêneas com cultivares de gramíneas forrageiras desenvolvidas pelas instituições de pesquisa (Embrapa, 2025; Cezar *et al.*, 2005; Euclides Filho, 2000), com melhor qualidade e produtividade; adoção de práticas adequadas de manejo, incluindo adubação de manutenção e manejo rotacionado dos lotes; diferentes categorias animais; e, em pequena proporção, uso de pastagens irrigadas.

Nesses sistemas de produção, os animais recebem suplementos proteico-energéticos acrescidos de minerais. A reprodução animal é feita com animais de genética superior, com uso frequente de inseminação artificial e cruzamentos industriais (Cezar *et al.*, 2005; Euclides Filho, 2000). Além disso, já em 2017, 69% dos produtores de pecuária brasileiros usavam suplementação alimentar. Desses, 44% forneciam sal mineral; 54%, suplementos volumosos como ração, grãos e silagem; e apenas 3%, subprodutos agroindustriais (IBGE, [2025b]). Importante destacar, como lacuna de conhecimento, a inexistência de dados consistentes sobre a frequência e a quantidade de fornecimento desses insumos aos animais por diferentes grupos de produtores.

Nesses sistemas de produção, o uso de boas práticas de manejo das pastagens e dos animais, associada a técnicas de suplementação no período seco, permite a obtenção de altas lotações durante todo o ano, variando entre 4 e 7 UA/ha/ano, com produtividade entre 30 e 53 arrobas de carne por ha/ano (Andrade; Valentim, 2019). Nesses sistemas, o semiconfinamento e o confinamento também são considerados como ferramentas estratégicas de terminação, ou mesmo de manejo de pasto. Em 2023, 16,6% dos 41,96 milhões de bovinos abatidos no Brasil passaram a fase de terminação em confinamentos (ABIEC, 2024).

Entretanto, sistemas intensivos de produção, com alta dependência de insumos externos à propriedade, apresentam altos riscos e menor resiliência em relação a eventos de crises econômicas, como a elevação de preços de fertilizantes importados em 2022, em função da guerra entre Rússia e Ucrânia. Outro fator que prejudica a resiliência desses sistemas são os eventos climáticos extremos, que afetam a produção de grãos e encarecem a suplementação a pasto dos animais e os processos de semiconfinamento e confinamento.

Sistemas de integração lavoura-pecuária (ILP)

Os sistemas de ILP integram a atividade agrícola com a pecuária, geralmente em consórcio, sucessão ou rotação, dentro da mesma área (Bungenstab *et al.*, 2019). Embora seja considerada inovadora, a estratégia de associar as culturas foi desenvolvida pelas populações indígenas a partir da observação da natureza (Fowler, 2020; Clement, *et al.*, 2015; Dias *et al.*, 2015) e, posteriormente, transferida aos colonizadores. Até o final da década de 1960, grande parte da agricultura com lavouras anuais no Brasil adotava práticas de cultivo em consórcio e em sucessão (como exemplo: milho e feijão, arroz e mandioca) com uso de sementes crioulas, valorizando a diversidade e resiliência dos sistemas de produção (Garret *et al.*, 2020).

Os sistemas de ILP desenvolvidos por instituições de pesquisa visam aumentar a eficiência do uso da terra, melhorar a qualidade do solo e a produtividade, além de gerar benefícios mútuos para as duas atividades. Os sistemas integrados buscam associar práticas conservacionistas do solo, como plantio direto para proteção e redução da perda de solo e da lixiviação de nutrientes, melhoria da eficiência na aplicação de calcário e fertilizantes para ajustar a fertilidade do solo a fim de alcançar alta produtividade na agricultura, por exemplo, com culturas de grãos (arroz, feijão, milho, soja) e fibras (algodão). Ao mesmo tempo, o plantio direto é uma estratégia que contribui para aumentar a matéria orgânica do solo (estoque de carbono) e, como consequência, melhorar sua qualidade, saúde e produtividade, particularmente nas regiões do Cerrado e da Amazônia, áreas caracterizadas por solos frágeis e com fertilidade limitada para sustentar o crescimento contínuo da produção de culturas comerciais em grande escala (Garret *et al.*, 2020; Cordeiro *et al.*, 2015; Salton *et al.*, 2014; Vilela *et al.*, 2011; Kluthcouski; Stone; Aidar, 2003).

Os sistemas ILP têm se consolidado especialmente entre produtores empresariais nos biomas Amazônia, Cerrado e Mata Atlântica. Seu desenvolvimento é fruto de pesquisas conduzidas por instituições como a Empresa Brasileira de Pesquisa Agropecuária (Embrapa), universidades e institutos estaduais de pesquisa, com validação em redes de Unidades de Referência Tecnológica (URTs) implantadas em diferentes regiões do Brasil (Reis *et al.*, 2023; 2025; Garrett *et al.*, 2020). Nos biomas Amazônia e Cerrado, um exemplo de integração é o cultivo de soja na safra (outubro a janeiro), milho consorciado com capim braquiária na safrinha (fevereiro a junho) e pastejo para recria e engorda na entressafra (julho a setembro). A adoção desses sistemas tem demonstrado ganhos em produtividade, melhoria da fertilidade do solo, uso mais eficiente de insumos e potencial mitigação das emissões de GEE (Reis *et al.*, 2023; 2025; Alvarenga *et al.*, 2024; Vilela *et al.*, 2021; Balbino; Cordeiro; Martinez, 2011).

Sistemas de integração lavoura-pecuária-floresta (ILPF)

No Brasil, os sistemas ILPF foram desenvolvidos na década de 1990 como estratégia de intensificação sustentável, com foco no uso eficiente de recursos produtivos, especialmente os ambientais. Os sistemas ILPF ampliam o conceito de sistemas integrados (Alvarenga *et al.*, 2024; Vilela *et al.*, 2021; Bungenstab *et al.*, 2019; Kluthcouski; Stone; Aidar, 2003), promovendo consórcios e rotações com sinergia entre os componentes produtivos (Balbino; Cordeiro; Martinez, 2011). Esses sistemas integram em uma mesma propriedade os três componentes (lavoura, pecuária e floresta), que podem ser feitos em cultivo consorciado (plantar diferentes culturas juntas), em sucessão (plantar culturas diferentes em diferentes períodos) ou em rotação (alternar cultivos agrícolas, pecuários e florestais em diferentes áreas da propriedade) (Alvarenga *et al.*, 2024).

Esses sistemas permitem a produção agrícola (alimentos, fibras, biocombustíveis), de produtos de origem animal (carne e leite) e produtos florestais madeireiros e não madeireiros na mesma propriedade, visando diversificação, maior produtividade e redução de riscos climáticos e econômicos (Reis *et al.*, 2025; Alvarenga *et al.*, 2024).

Tanto os sistemas ILP quanto ILPF têm avançado, principalmente no segmento empresarial, com validação por instituições como Embrapa e universidades em URTs localizadas em propriedades particulares, principalmente nos biomas Amazônia, Cerrado e Mata Atlântica. Seus benefícios incluem aumento da produtividade, melhoria da fertilidade do solo e mitigação de emissões de GEE (Reis *et al.*, 2025; Alvarenga *et al.*, 2024; Bungenstab *et al.*, 2019; Balbino; Cordeiro; Martinez, 2011). No ano agrícola 2020/2021, a área com adoção de sistemas ILP e ILPF no Brasil foi estimada em 17,43 milhões de hectares, sendo 40% na região Centro-Oeste, 22% na região Sul, 18% na região Sudeste, 11% na região Nordeste, e 9% na região Norte (Rede ILPF, [2025]).

Sistema Guaxupé em pastagens biodiversas e multifuncionais

Uma estratégia eficiente para reduzir a dependência de fertilizantes nitrogenados de alto custo ambiental e econômico de produção, transporte e aplicação são as pastagens de gramíneas consorciadas com leguminosas que apresentam capacidade de associação simbiótica com bactérias nativas do solo para fixação biológica de nitrogênio, abundante na atmosfera. Essa é uma solução de baixo custo, acessível a pequenos, médios e grandes produtores para recuperar pastagens tropicais degradadas (Zu Ermgassen *et al.*, 2018; Shelton; Franzel; Peters, 2005; Valentim; Andrade, 2004).

O Sistema Guaxupé representa uma inovação para a intensificação sustentável da pecuária na Amazônia. Desenvolvido pela Embrapa em parceria com produtores locais, esse modelo se baseia no uso de pastagens permanentes biodiversas com cultivares de gramíneas (*Cynodon nlemfuensis; Urochloa humidicola, Urochloa brizantha, Urochloa decumbens, Urochloa arrecta* e *Panicum maximum*) e de leguminosas, como o amendoim-forrageiro (*Arachis pintoi* cvs. Belomonte, BRS Mandobi e BRS Oquira) e a puerária (*Pueraria phaseolopides*). Além disso, os produtores são orientados a identificar e manejar para manter espécies herbáceas e arbóreas nativas com características desejáveis. Ao longo do tempo, dependendo da variação das condições físico-químicas e de topografia do solo na propriedade, ocorre a diversificação moderada a alta das espécies herbáceas (gramíneas e leguminosas) e arbustivas nas pastagens. Um exemplo é a ocorrência espontânea de leguminosas nativas herbáceas, como o *Calopogonium mucunoides* e *Centrosema* sp. (Andrade *et al.*, 2023) e arbustivas, como a baginha (*Stryphnodendron guianense*) (Andrade; Valentim; Carneiro, 2002).

Nessas pastagens de gramíneas consorciadas, cerca de 30% de leguminosas têm capacidade de fixação biológica entre 100 kg e 150 kg de nitrogênio por ha/ano, com uso de práticas de manejo sustentáveis (Homem *et al.*, 2021; Andrade *et al.*, 2023). Nesse sistema, a capacidade de suporte dessas pastagens varia entre 2,2 e 3,6 UA/ha/ano no bioma Amazônia; entre 1,8 e 3,1 UA/ha/ano no bioma Mata Atlântica; e entre 1,3 e 2,0 UA/ha/ano no bioma Cerrado (Andrade; Ferreira; Farinatti, 2011). A produtividade média nas propriedades de referência no Acre é de 12 arrobas de carcaça por ha/ano, com rentabilidade líquida de R$ 1.768,00 por ha/ano. Essas pastagens permitem aumento de até 47% no ganho de peso dos animais, com potencial de produtividade de até 35 arrobas de peso vivo por ha/ano (Sales *et al.*, 2020). O sistema proporciona redução de até 36% nas emissões de GEE (Homem *et al.*, 2024; Borges, 2023) e resiliência a pragas, doenças e variações climáticas.

Em solos de baixa drenagem, comuns no Acre, o Sistema Guaxupé se destaca por manter pastagens produtivas por mais de 25 anos, com redução no uso de agroquímicos. Com mais de duas décadas de pesquisa participativa, o sistema já foi adotado em mais de 90 mil hectares no bioma Amazônia (Embrapa, 2025), com unidades de referência técnica em diferentes perfis de produtores. Os resultados incluem aumento de 30% na produtividade de carne e bezerros por hectare, reforçando o potencial do Guaxupé como ferramenta de transição agroecológica para a pecuária tropical (Homem *et al.*, 2024; Andrade *et al.*, 2023).

A presença de árvores em pastagens é comum no Brasil, embora em baixa densidade (Andrade; Salman; Oliveira, 2012). As URTs do Sistema Guaxupé, existentes em propriedades particulares na Amazônia, também funcionam como sistemas biodiversos de múltiplas finalidades. Barret, Valentim e Turner II (2013) encontraram uma cobertura arbórea média de 1,85% em pastagens em Rio Branco, no Acre. Esse estudo também simulou o impacto potencial de todas as pastagens recebendo 30% de sombra das árvores, com base em estudo anterior de Andrade *et al.* (2004). Os resultados indicaram que a produção de forragem aumentaria entre 10% e 23%, dependendo da espécie forrageira predominante. Com a finalidade de dar suporte à arborização de pastagens na Amazônia, a Embrapa disponibilizou o Guia Arbopasto, manual de identificação e seleção de espécies arbóreas nativas com características desejáveis para uso em sistemas silvipastoris (Andrade; Salman; Oliveira, 2012). Para facilitar o acesso à informação e a tomada de decisão na seleção das espécies arbóreas por técnicos e produtores, a Embrapa também disponibilizou o aplicativo Arbopasto (Salman *et al.*, 2020).

Com base nessas informações, os produtores que adotam o Sistema Guaxupé são orientados a identificar as espécies arbóreas com características desejáveis (uso na alimentação e na provisão de sombra para conforto animal, fixação simbiótica de nitrogênio e ciclagem de nutrientes) e adotar boas práticas para favorecer a sua regeneração nas pastagens. Nesses sistemas de produção de bovinos em ecossistemas biodiversos e multifuncionais, as árvores que estão no pasto mantêm carbono na forma de biomassa. Os benefícios de uma maior cobertura florestal para os produtores são o aumento da produtividade da forragem e um peso mais estável do gado. O aumento da produtividade permite ampliar a capacidade de suporte das pastagens, além da maior resiliência desses ecossistemas biodiversos a eventos climáticos extremos e à incidência de pragas e doenças. Além disso, propicia benefícios externos sob a forma de serviços ecossistêmicos prestados por áreas florestais (ciclos hidrológicos globais, manutenção da biodiversidade, filtragem do ar e da água e proteção do solo, entre outros), uma vez que a pressão para converter a floresta circundante em pastagens diminui quando a terra necessária para sustentar uma quantidade constante de gado é reduzida. Além disso, economicamente, a inclusão de árvores pode proporcionar uma fonte secundária de rendimento.

Sistemas silvipastoris

A integração de árvores, pastagens e animais promove benefícios múltiplos: sombreamento, aumento da biodiversidade, melhoria do solo e sequestro de carbono (Alvarenga *et al.*, 2024; Pinheiro-Alves *et al.*, 2021). Apesar de reconhecidos, os sistemas silvipastoris (SPS) ainda ocupam área reduzida no Brasil, em parte devido à falta de políticas públicas de fomento e de assistência técnica especializada (Balbino; Cordeiro; Martinez, 2011).

Os SPS têm sido estudados como estratégias viáveis para mitigar emissões de GEE, promover conforto térmico e produtividade animal (Santos *et al.*, 2025). Em São Carlos, Brunetti *et al.* (2025) investigaram um SPS composto por *Urochloa brizantha* cv. Piatã consorciada com *Eucalyptus urograndis* (clone GGG), avaliando sua capacidade de compensar emissões entéricas de metano (CH_4) com base no acúmulo de carbono em troncos destinados à produção de bens duráveis. Os resultados indicaram que 77% das emissões entéricas foram compensadas apenas com o carbono da parte comercial do tronco, e o balanço total foi negativo (-14,28 t CO_2eq ha/ano). O sistema também reduziu o estresse térmico em duas horas diárias e apresentou forragem de maior qualidade, embora com 40% menos biomassa em relação à pastagem a pleno sol.

Complementarmente, Pasquini Neto *et al.* (2024) demonstraram que sistemas com maior desempenho animal apresentam menor intensidade de emissão de CH_4 por quilo de ganho de peso. Novilhos manejados em pastagens degradadas emitiram 726,8 g CH_4/kg de ganho, enquanto em sistemas intensivos irrigados e de sequeiro, as emissões foram de 385,3 e 420,5 g CH_4/kg, respectivamente. O SPS apresentou emissão intermediária (616,2 g CH_4/kg).

Em Minas Gerais, Schettini *et al.* (2021) verificaram que a produção leiteira em SPS semi-intensivo com vacas mestiças apresentou neutralidade de carbono, evidenciando o potencial mitigador e sustentável desses sistemas produtivos.

Reis *et al.* (2023) mostraram que fazendas com sistemas ILP e ILPF apresentaram a maior sustentabilidade, caracterizada por um desempenho mais elevado e mais equilibrado em relação às dimensões econômica, social e ambiental. Em contrapartida, as explorações pecuárias em monocultura tiveram um desempenho fraco em todas as dimensões e apresentaram o índice de sustentabilidade mais baixo. Por outro lado, as explorações agrícolas em monocultura apresentaram desempenhos econômicos mais elevados, mas desempenhos sociais e ambientais mais baixos.

A emergência de casos de sucesso de desenvolvimento e a adoção de sistemas integrados de produção (ILP, ILPF, Guaxupé, SPS) mostram que é possível transformar a pecuária extensiva atual, de alta emissão de GEE, em modelos sustentáveis. Essa mudança, via pastagens biodiversas com gramíneas, leguminosas e arborização (até 30% de sombra), aumenta a produtividade animal e vegetal, além da resiliência das pastagens. Isso permite atender à demanda por proteína animal sem desmatamento em biomas como Amazônia, Cerrado e Mata Atlântica. Há grande potencial para ampliar esses sistemas multifuncionais para todos os produtores, gerando ganhos econômicos, sociais e ambientais.

No quadro 1, são apresentadas as características ambientais e socioeconômicas das áreas de ocorrência e os indicadores de sustentabilidade ambiental (emissões de GEE e biodiversidade), social e econômica das sete tipologias descritas.

Quadro 1 – Características e indicadores de sustentabilidade das tipologias de sistemas de produção pecuária bovina a pasto no Brasil

TIPOLOGIAS	CARACTERÍSTICAS	INDICADORES DE SUSTENTABILIDADE			
		Intensidade de emissões de GEE*	Biodiversidade	Social	Econômica
Sistemas extensivos em pastagens plantadas	• Conversão de áreas de vegetação nativa nos cinco biomas brasileiros em pastagens plantadas, grande parte em degradação ou degradadas. • Monocultura de pastagens, com predominância de cultivares de gramíneas exóticas introduzidas da África e aprimoradas no Brasil. • Predominância de animais da raça Nelore. • Baixo acesso a ATER, crédito rural e cooperativismo. • Baixa produtividade e lucratividade. • Baixa capacidade de suporte animal. • Predominante nos biomas Amazônia, Caatinga, Cerrado e Mata Atlântica, em estabelecimentos de produção familiar de médio e grande porte.	Alta	Baixa	Baixa	Baixa
Sistemas extensivos tradicionais em pastagens nativas	• Pastagens nativas predominantes nos biomas Pantanal e Pampa, presentes também nos biomas Amazônia, Caatinga, Cerrado e Mata Atlântica. • Rebanhos mistos e bovinos da raça Nelore e raças crioulas, bubalinos (principalmente no Pará e Amapá), com caprinos e ovinos (Nordeste). • Baixo acesso a ATER, crédito rural e cooperativismo. • Baixa produtividade e lucratividade. • Baixa capacidade de suporte animal. • Presente em estabelecimentos de produção familiar de médio e grande porte, geralmente pouco capitalizados.	Alta	Alta	Moderada	Baixa
Sistemas a pasto com uso semi-intensivo a intensivo de insumos	• Recuperação e renovação de áreas de pastagens degradadas, com frequência e uso temporário de sistemas de integração lavoura-pecuária como forma de abater os custos. • Uso intensivo de corretivos e fertilizantes, herbicidas, inseticidas, sementes de forrageiras melhoradas. • Uso de estratégias de suplementação alimentar mineral energética e proteica de baixo e médio consumo para diferentes categorias animais. • Média a alta capacidade de suporte animal. • Adotados principalmente por médios e grandes produtores mais capitalizados e com acesso a ATER privada e crédito rural nos biomas Amazônia, Cerrado e Mata Atlântica.	Alta	Baixa	Moderada	Moderada

Sistemas de integração lavoura-pecuária (ILP)	• Sistemas de integração lavoura-pecuária para produção de grãos (exemplos: arroz, feijão, milho e soja), fibras (algodão), proteína animal (carne, leite e lã) em uma mesma área, adotados principalmente pelo segmento da produção empresarial nos biomas Amazônia, Cerrado e Mata Atlântica. • Sistemas de produção desenvolvidos por instituições de pesquisa e validados em redes de Unidades de Referência Tecnológicas (URTs) em todos os biomas brasileiros.	Moderada	Baixa	Moderada	Moderada a alta
Sistemas de integração lavoura--pecuária-floresta (ILPF)	• Sistemas ILPF para produção de grãos (arroz, feijão, milho e soja), fibras (algodão), produtos animais (carne e leite) e madeira, fibras e energia em uma mesma área, adotados principalmente pelo segmento da produção empresarial nos biomas Cerrado e Mata Atlântica. • Diversificação das fontes de renda; maior resiliência ambiental e econômica. • Sistemas de produção desenvolvidos por instituições de pesquisa e validados ao longo dos últimos 25 anos em redes de Unidades de Referência Tecnológicas (URTs) em todos os biomas brasileiros.	Baixa a neutra	Moderada	Alta	Alta
Sistema Guaxupé em pastagens biodiversas e multifuncionais	• Sistema desenvolvido e validado ao longo de 25 anos de pesquisa participativa em propriedades privadas na Amazônia. • Pastagens biodiversas com consórcio de espécies plantadas e nativas de gramíneas, leguminosas forrageiras e espécies arbóreas nativas de uso múltiplo (alimentação e conforto animal, serviços ambientais). • Suprimento de nitrogênio para o sistema solo-planta-animal por meio da fixação biológica de nitrogênio atmosférico por bactérias nativas do solo em associação com as leguminosas forrageiras. • Baixo uso de agroquímicos. • Baixo uso de suplementos alimentares para os animais. • Potencial de adoção por pequenos, médios e grandes produtores nos biomas Amazônia, Cerrado e Mata Atlântica em áreas sem aptidão para agricultura mecanizada. • Maior resiliência ambiental.	Baixa	Moderada a alta	Alta	Moderada a alta
Sistemas silvipastoris	• Sistemas integrados de pecuária e silvicultura visando à produção animal (carne e leite), de madeira e energia em uma mesma área. • Sistemas resultantes de iniciativas de instituições de pesquisa, validados ao longo dos últimos 15 anos em propriedades privadas. • Diversificação das fontes de renda. • Maior resiliência social, econômica e ambiental.	Baixa e negativa	Moderada	Moderada a alta	Moderada a alta

*Emissões de gases de efeito estufa (GEE) por unidade de produto animal.

Estratégias e políticas visando à transição para sistemas biodiversos e multifuncionais de produção de pecuária bovina

A vasta diversidade ambiental e socioeconômica do Brasil, com 8.515.767,049 km^2 de território, seis biomas e 2.522.487 estabelecimentos agropecuários (IBGE, [2025a]; [2025b]) com atividade de pecuária bovina, gera desafios formidáveis. Superá-los exige políticas públicas integradas nos níveis federal, estadual e municipal. Merece atenção especial o segmento da produção familiar, que responde por 76% do número de estabelecimentos, 24% da área das propriedades e 31% do rebanho bovino brasileiro. Além disso, entre todos os 3,89 milhões de estabelecimentos agropecuários brasileiros, apenas 18% declararam receber assistência técnica (IBGE, [2025b]).

A adoção em larga escala de sistemas biodiversos e multifuncionais, entre os quais aqueles descritos anteriormente, pode contribuir para a transição dos atuais sistemas extensivos de produção de bovinos, com baixa produtividade e lucratividade e alto impacto ambiental, para sistemas com maior biodiversidade, maior resiliência, maior produtividade animal e por área, maior lucratividade e com menores intensidades de emissões de GEE. Também pode contribuir para promover a restauração da diversidade biológica e cultural (Bélanger; Pilling, 2019) e a diversidade das paisagens (Abramovay; Favareto, 2025), dos sistemas produtivos (Albernaz-Gonçalves; Hötzel, 2025; Rattis *et al.*, 2025; Garrett *et al.*, 2020; Gliessman, 2018; Goodman; Dupuis; Godman, 2012) e das dietas (Belik, 2025; Louzada *et al.*, 2025).

Entretanto, sua adoção ainda é limitada, entre outros fatores, por barreiras tecnológicas (como a multiplicação de sementes) e culturais, além da falta de conhecimento técnico e percepção de risco por parte dos produtores. A transição para sistemas biodiversos e sustentáveis de pecuária bovina demanda a superação de bloqueios estruturais, institucionais e culturais. Esse processo de transição deve ter como pilares a valorização dos sistemas tradicionais e a promoção de inovações técnicas, sociais e econômicas disruptivas. Isso implica investir em pesquisa participativa, acesso à terra, regularização fundiária e ambiental, crédito e assistência técnica adaptada à diversidade dos sistemas produtivos. É crucial uma mudança cultural entre os atores da cadeia de pecuária bovina brasileira, vendo a diversidade como base para produtividade e rentabilidade, redução de desigualdades, resiliência dos sistemas agroalimentares, bem-viver da população e a conservação dos recursos naturais.

Para promover a biodiversidade, a resiliência (econômica, ambiental e social) e reduzir as emissões de GEE na pecuária bovina brasileira, as políticas públicas devem focar em várias frentes.

Primeiramente, é preciso democratizar o acesso a boas práticas agropecuárias e de manejo de recursos naturais para produtores familiares, que representam a maioria dos estabelecimentos rurais no Brasil. Isso se complementa com o estabelecimento de mecanismos que democratizem o acesso ao crédito rural e a uma assistência técnica contínua e de qualidade. A agregação de valor, via ecoturismo, certificação de origem e pagamento por serviços ambientais, também é fundamental para produtos oriundos de sistemas de pecuária em pastagens nativas.

Além disso, é essencial ampliar o uso de leguminosas (herbáceas, arbustivas e arbóreas) que fixam nitrogênio atmosférico, substituindo fertilizantes nitrogenados caros e de alto impacto ambiental. A adoção de sistemas sustentáveis baseados em pastagens biodiversas de gramíneas consorciadas com leguminosas e arborização – além de sistemas ILP, ILPF e silvipastoris – deve ser promovida, com destaque para o segmento dos produtores familiares que desenvolvem a atividade de cria.

Outra recomendação importante é a expansão do uso de bioinsumos desenvolvidos a partir da biodiversidade brasileira (plantas e microrganismos) nos sistemas de produção de pecuária bovina (solo, pastagens e animais), visando reduzir o uso de agroquímicos e seus impactos ambientais, aumentar a produtividade e diminuir a intensidade das emissões de GEE por unidade de proteína produzida.

Por fim, o arcabouço legal precisa ser ampliado para permitir a diferenciação tributária de produtos pecuários com baixas emissões de GEE, orgânicos, com certificação de origem e de cadeias curtas em mercados locais.

Referências

ABRAMOVAY, R. *et al.* Pecuária bovina regenerativa na América Latina e no Caribe: muito além do oximoro. **Revista de Economia e Sociologia Rural**, v. 63, e289950, 2023.

ABRAMOVAY, R.; FAVARETO, A. A transição agroalimentar: entre ruptura, gradualismo e reconfiguração. *In*: ABRAMOVAY, R.; FAVARETO, A. (org.). **Caminhos para a transição do sistema agroalimentar**: desafios para o Brasil. São Paulo: Editora Senac São Paulo, 2025.

ABREU, U. G. P.; OLIVEIRA, L. O. F.; BALDUINO, S. **Pecuária com certificação orgânica e sustentável no Pantanal de Mato Grosso do Sul**. Corumbá: Embrapa Pantanal, 2021. (Comunicado Técnico 118)

ALBERNAZ-GONÇALVES, R.; HÖTZEL, M. J. Monotonia nos sistemas de produção de aves e suínos: implicações para o bem-estar animal e risco de resistência a antibióticos. *In*: ABRAMOVAY, R.; FAVARETO, A. (org.). **Caminhos para a transição do sistema agroalimentar**: desafios para o Brasil. São Paulo: Editora Senac São Paulo, 2025.

ALTIERI, M. A. *et al.* Agroecology and the design of climate change resilient farming systems. **Agronomy for Sustainable Development**, v. 35, n. 3, p. 869-890, 2015.

ALVARENGA, R. C. *et al.* (org.). **Quinze anos de integração lavoura-pecuária e dez anos de integração lavoura-pecuária-floresta na Embrapa Milho e Sorgo**. Brasília, DF: Embrapa, 2024.

ALVES, E. *et al.* Imperfeições de mercado e pobreza rural. **Revista de Política Agrícola**, v. 28, n. 4, p. 77-84, 2019.

ALVES, E.; VIEIRA FILHO, J. E. R. O que esperar da produção agropecuária no Brasil. *In*: PENA JUNIOR, M. A. G.; FRANÇOZO, M. A. S. (org.). **O futuro da agricultura brasileira**: 10 visões. Brasília, DF: Embrapa, 2023.

ANDRADE, C. M. S. de *et al.* Crescimento de gramíneas e leguminosas forrageiras tropicais sob sombreamento. **Pesquisa Agropecuária Brasileira**, v. 39, n. 3, p. 263-270, 2004.

ANDRADE, C. M. S. de *et al.* Guia de espécies. *In*: ANDRADE, C. M. S. de; SALMAN, A. K.; OLIVEIRA, T. K. de (org.). **Guia Arbopasto**: manual de identificação e seleção de espécies arbóreas para sistemas silvipastoris. Brasília, DF: Embrapa, 2012.

ANDRADE, C. M. S. de *et al.* **Sistema Guaxupé**: modelo de intensificação sustentável da pecuária de corte baseado em pastagens permanentes de alta performance, ricas em leguminosas. Brasília, DF: Embrapa, 2023.

ANDRADE, C. M. S. de; FERREIRA, A. S.; FARINATTI, L. H. E. Tecnologias para intensificação da produção animal em pastagens: fertilizantes × leguminosas. *In*: SIMPÓSIO SOBRE MANEJO DA PASTAGEM, 26., 2011, Piracicaba. **Anais** [...]. Piracicaba: FEALQ, 2011.

ANDRADE, C. M. S. de; SALMAN, A. K. D.; OLIVEIRA, T. K. de. Arborização de pastagens na América Latina: situação atual e perspectivas. *In*: ANDRADE, C. M. S. de; SALMAN, A. K.; OLIVEIRA, T. K. de (org.). **Guia Arbopasto**: manual de identificação e seleção de espécies arbóreas para sistemas silvipastoris. Brasília, DF: Embrapa, 2012.

ANDRADE, C. M. S. de; VALENTIM, J. F. Manejo da fertilidade do solo na reforma e recuperação de pastagens na Amazônia. *In*: DIAS-FILHO, M. B.; ANDRADE, C. M. S. de (org.). **Recuperação de pastagens degradadas na Amazônia**. Brasília, DF: Embrapa, 2019.

ANDRADE, C. M. S. de; VALENTIM, J. F.; CARNEIRO, J. da C. Árvores de baginha (*Stryphnodendron guianense* (Aubl.) Benth.) em ecossistemas de pastagens cultivadas na Amazônia Ocidental. **Revista Brasileira de Zootecnia**, v. 31, n. 2, p. 574-582, 2002.

ARAÚJO FILHO, J. A. de *et al.* Sistema agrossilvipastoril Embrapa Caprinos. *In*: LIMA, G. F. de *et al.* (org.). **Criação familiar de caprinos e ovinos no Rio Grande do Norte**: orientações para viabilização do negócio rural. Natal: EMATER-RN; EMPARN: Embrapa Caprinos, 2006.

ASSOCIAÇÃO BRASILEIRA DAS INDÚSTRIAS EXPORTADORAS DE CARNES (ABIEC). **Beef Report 2024**. São Paulo; Brasília, DF: ABIEC, 2024. Disponível em: https://abiec.com.br/publicacoes/beef-report-2024-perfil-da-pecuaria-no-brasil/. Acesso em: 22 ago. 2025.

ASSOCIAÇÃO BRASILEIRA DE INSEMINAÇÃO ARTIFICIAL (ASBIA); CENTRO DE ESTUDOS AVANÇADOS EM ECONOMIA APLICADA (CEPEA-ESALQ/USP). **Index ASBIA 2024**. Uberaba, MG: ASBIA; Piracicaba, SP: Cepea-Esalq/USP, 2024. Disponível em: https://asbia.org.br/wp-content/uploads/Index/Index_ASBIA-Anual-2024.pdf. Acesso em: 22 ago. 2025.

BALBINO, L. C.; CORDEIRO, L. A. M.; MARTINEZ, G. B. Contribuições dos sistemas de integração lavoura-pecuária-floresta (ILPF) para uma agricultura de baixa emissão de carbono. **Revista Brasileira de Geografia Física**, v. 4, n. 6, p. 1163-1175, 2011.

BARRETT, K.; VALENTIM, J. F.; TURNER II, B. L. Ecosystem services from converted land: the importance of tree cover in Amazonian pastures. **Urban Ecosystems**, v. 16, p. 573-591, 2013.

BÉLANGER, J.; PILLING, D. (org.). **The state of the world's biodiversity for food and agriculture**: FAO Commission on Genetic Resources for Food and Agriculture Assessments. Rome: FAO, 2019. Disponível em: http://www.fao.org/3/CA3129EN/CA3129EN.pdf. Acesso em: 22 ago. 2025.

BELIK, W. A monotonia nas dietas: o papel da distribuição e comercialização de alimentos. *In*: ABRAMOVAY, R.; FAVARETO, A. (org.). **Caminhos para a transição do sistema agroalimentar**: desafios para o Brasil. São Paulo: Editora Senac São Paulo, 2025.

BORGES, L. P. C. **Amendoim forrageiro aumenta a produtividade animal e reduz a emissão de gases de efeito estufa em região de clima tropical**. 2023. Dissertação (Mestrado em Zootecnia) – Programa de Pós-graduação em Zootecnia, Universidade Federal de Lavras, Lavras, 2023.

BRASIL. Ministério da Ciência, Tecnologia e Inovações. **Estimativas anuais de emissões de gases de efeito estufa no Brasil**. 6. ed. Brasília, DF: MCTI, 2022.

BRUNETTI, H. B. *et al*. Silvopastoral systems as a climate-smart alternative for beef production: enteric methane emission neutralization and animal thermal comfort increase. **Agricultural Systems**, v. 225, p. 104-277, 2025.

BUAINAIN, A. M. *et al*. Trajetória histórica e panorama atual das relações entre agricultura, biodiversidade e serviços ecossistêmicos. *In*: PRADO, R. B. *et al*. (org.). **Relatório temático sobre agricultura, biodiversidade e serviços ecossistêmicos**. Campinas: Ed. dos Autores, 2024.

BUNGENSTAB, D. J. *et al.* (org.). **ILPF**: inovação com integração de lavoura, pecuária e floresta. Brasília, DF: Embrapa, 2019.

CAMPOS, B. M. *et al.* Genetic diversity, population structure, and correlations between locally adapted zebu and taurine breeds in Brazil using SNP markers. **Tropical Animal Health and Production**, v. 49, n. 8, p. 1677-1684, 2017.

CARVALHO, P. C. F. *et al.* Challenges and opportunities for livestock production in natural pastures: the case of Brazilian Pampa biome. *In*: INTERNATIONAL RANGELAND CONGRESS, 9., 2011, Rosario. **Proceedings** [...]. Rosario: Instituto Nacional de Tecnología Agropecuaria; Asociación Argentina para el Manejo de Pastizales Naturales, 2011.

CENTRO DE ESTUDOS AVANÇADOS EM ECONOMIA APLICADA (CEPEA-ESALQ/USP); CONFEDERAÇÃO DA AGRICULTURA E PECUÁRIA DO BRASIL (CNA). **Boletim Mercado de Trabalho do Agronegócio Brasileiro**: 4º trimestre de 2024. Piracicaba, SP: Cepea – Esalq/USP; Brasília, DF: CNA: 2025a. Disponível em: https://www.cnabrasil.org.br/publicacoes/mercado-de-trabalho-do-agronegocio-brasileiro-4tri-2024. Acesso em: 22 ago. 2025.

CENTRO DE ESTUDOS AVANÇADOS EM ECONOMIA APLICADA (CEPEA-ESALQ/USP); CONFEDERAÇÃO DA AGRICULTURA E PECUÁRIA DO BRASIL (CNA). Desempenho do quarto trimestre reverte a tendência de queda anual, e PIB do agronegócio avança 1,81% em 2024. **PIB do Agronegócio**, 8 abr. 2025b. Disponível em: https://www.cepea.org.br/upload/kceditor/files/CT-PIB-AGRO_08.ABR.25-1.pdf. Acesso em: 22 ago. 2025.

CEZAR, I. M. *et al.* **Sistemas e produção de gado de corte no Brasil**: uma descrição com ênfase no regime alimentar e no abate. Campo Grande: Embrapa Gado de Corte, 2005. (Documentos 151).

CLEMENT, C. R. *et al.* A ecologia histórica e a criação da agrodiversidade na Amazônia: lições para a agroecologia. *In*: SANTILLI, J.; BUSTAMANTE, P. G.; BARBIERI, R. L. **Agrodiversidade**. Brasília, DF: Embrapa, 2015. (Coleção Transição Agroecológica, 2).

CORDEIRO, L. A. M. *et al* . Integração lavoura-pecuária e integração lavoura--pecuária-floresta: estratégias para intensificação sustentável do uso do solo. **Cadernos de Ciências & Tecnologia**, v. 32, n. 1-2, p. 15-43, 2015.

DIAS-FILHO, M. B. Breve histórico das pesquisas em recuperação de pastagens degradadas na Amazônia. *In*: DIAS-FILHO, M. B.; ANDRADE, C. M. S. de (org.). **Recuperação de pastagens degradadas na Amazônia**. Brasília, DF: Embrapa, 2019.

DIAS-FILHO, M. B. **Degradação de pastagens**: conceitos, processos e estratégias de recuperação e de prevenção. Belém: Ed. do Autor, 2023.

DIAS-FILHO, M. B.; LOPES, M. J. dos S. **Histórico e desafios da pecuária bovina na Amazônia**. Belém, PA: Embrapa Amazônia Oriental, 2020. (Documentos 454).

DIAS, T. A. B. *et al*. Agrobiodiversidade indígena: feiras, guardiões e outros movimentos. *In*: SANTILLI, J.; BUSTAMANTE, P. G.; BARBIERI, R. L. **Agrodiversidade**. Brasília, DF: Embrapa, 2015. (Coleção Transição Agroecológica, v. 2).

EGITO, A. A. do. **Diversidade genética, ancestralidade individual e miscigenação nas raças bovinas no Brasil com base em microssatélites e haplótipos de DNA mitocondrial**: subsídios para a conservação. 2007. Tese (Doutorado em Biologia Molecular) – Departamento de Biologia Celular, Universidade de Brasília, Brasília, DF, 2007.

EMPRESA BRASILEIRA DE PESQUISA AGROPECUÁRIA (EMBRAPA). **Balanço social 2024**. 28. ed. Brasília, DF: Embrapa, 2025.

EUCLIDES FILHO, K. **Produção de bovinos de corte e o trinômio genótipo-ambiente-mercado**. Campo Grande: Embrapa Gado de Corte, 2000. (Documentos 85).

EUCLIDES, V. P. B. *et al*. Gramíneas cultivadas. *In*: ALBUQUERQUE, A. C. S.; SILVA, A. G. (org.). **Agricultura Tropical**: quatro décadas de inovações tecnológicas, institucionais e políticas. 1. ed. Brasília, DF: Embrapa Informação Tecnológica, 2008. v.1.

FEARNSIDE, P. M. Deforestation in Brazilian Amazonia: history, rates, and environmental consequences. **Conservation Biology**, v. 19, n. 3, p. 680-688, 2005.

FERNANDES, E. C. *et al*. Panorama do rebanho bovino do Acre em 2022 – Amazônia Ocidental. **Revista Observatorio de la Economía Latinoamericana**, v. 22, n. 7, p. e5583, 2024.

FOWLER, L. **Conhecimento, uso e manejo de plantas alimentícias na Terra Indígena Poyanawa, Alto Juruá, Acre, Brasil**. 2020. Dissertação (Mestrado) – Programa de Pós-graduação em Agricultura no Trópico Úmido, Instituto Nacional de Pesquisas da Amazônia, Manaus, 2020.

GARRETT, R. D. *et al*. Drivers of decoupling and recoupling of crop and livestock systems at farm and territorial scales. **Ecology and Society**, v. 25, n. 1, p. 24, 2020.

GLIESSMAN, S. R. Defining agroecology. **Agroecology and Sustainable Food Systems**, v. 42, n. 6, p. 599-600, 2018.

GOODMAN, D.; DUPUIS, E. M.; GODMAN, M. K. **Alternative food networks**: knowledge, practice and politics. London: Routledge, 2012.

HOMEM, B. G. C. *et al.* Forage peanut legume as a strategy for improving beef production without increasing livestock greenhouse gas emissions. **Animal,** v. 18, n. 5, p. 101158, 2024.

HOMEM, B. G. C. *et al.* N-fertiliser application or legume integration enhances N cycling in tropical pastures. **Nutrient Cycling in Agroecosystems,** v. 121, p. 167-190, 2021.

HOMMA, A. K. O. (org.). **História da agricultura na Amazônia**: da era pré--colombiana ao terceiro milênio. Brasília, DF: Embrapa Informação Tecnológica, 2003.

HOOPER, D. U. *et al.* Effects of biodiversity on ecosystem functioning: a consensus of current knowledge. **Ecological Monographs,** v. 75, n. 1, p. 3-35, 2005.

INSTITUTO BRASILEIRO DE GEOGRAFIA E ESTATÍSTICA (IBGE). Brasil em síntese: território. **IBGE,** [2025a]. Disponível em: https://brasilemsintese.ibge.gov.br/territorio.html. Acesso em: 22 ago. 2025.

INSTITUTO BRASILEIRO DE GEOGRAFIA E ESTATÍSTICA (IBGE). Censo Agropecuário 2017. **IBGE,** [2025b]. Disponível em: https://sidra.ibge.gov.br/tabela/6907. Acesso em: 22 ago. 2025.

INSTITUTO BRASILEIRO DE GEOGRAFIA E ESTATÍSTICA (IBGE). Produção da Pecuária Municipal (PPM) 2023. **IBGE,** [2025c]. Disponível em: https://sidra.ibge.gov.br/pesquisa/ppm/quadros/brasil/2023. Acesso em: 22 ago. 2025.

INSTITUTO BRASILEIRO DE GEOGRAFIA E ESTATÍSTICA (IBGE). **Síntese de indicadores sociais**: uma análise das condições de vida da população brasileira. Rio de Janeiro: IBGE, 2024.

JANK, L. *et al.* The value of improved pastures to Brazilian beef production. **Crop and Pasture Science,** v. 65, n. 11, p. 1132-1137, 2014.

KLUTHCOUSKI, J.; STONE, L. F.; AIDAR, H. (org.). **Integração lavoura-pecuária.** Santo Antônio de Goiás: Embrapa Arroz e Feijão, 2003.

LABORATÓRIO DE SENSORIAMENTO REMOTO E GEOPROCESSAMENTO – UNIVERSIDADE FEDERAL DE GOIÁS (LAPIG-UFG). **Atlas das Pastagens,** [2025]. Disponível em: https://atlasdaspastagens.ufg.br/map. Acesso em: 22 ago. 2025.

LAL, R. Soil carbon sequestration impacts on global climate change and food security. **Science,** v. 304, n. 5677, p. 1623-1627, 2004.

LANDAU, E. C.; SIMEÃO, R. M.; MATOS-NETO, F. da C. Evolução da área ocupada por pastagens. *In*: LANDAU, E. C. *et al.* (org.). **Dinâmica da produção agropecuária e da paisagem natural no Brasil nas últimas décadas:** produtos de origem animal e da silvicultura, v. 3, Brasília, DF: Embrapa, 2020.

LOUZADA, M. L. da C. *et al.* O cenário da transição alimentar no Brasil: mais ultraprocessados, mais carnes e menos biodiversidade. *In*: ABRAMOVAY, R.; FAVARETO, A. (org.).**Caminhos para a transição do sistema agroalimentar**: desafios para o Brasil. São Paulo: Editora Senac São Paulo, 2025.

LUNA, F. V.; KLEIN, H. S. A evolução da pecuária bovina no Brasil. **História Econômica & História de Empresas,** v. 26, n. 3, p. 561-598, 2023.

MAPBIOMAS BRASIL. Plataforma de mapas e dados. Homepage. **MapBiomas Brasil**, [2025]. Disponível em: https://brasil.mapbiomas.org/. Acesso em: 22 ago. 2025.

MARENGO, J. A. *et al.* Extreme rainfall and hydro-geo-meteorological disaster risk in 1.5, 2.0, and 4.0 °C global warming scenarios: an analysis for Brazil. **Frontiers in Climate**, v. 3, p. 610433, 2021.

MUIR, J. P. *et al.* Value of endemic legumes for livestock production on Caatinga rangelands. **Revista Brasileira de Ciências Agrárias,** v.14, n. 2, p. e5648, 2019.

MUKHOVI, S.; JACOBI, J. Can monocultures be resilient? Assessment of buffer capacity in two agroindustrial cropping systems in Africa and South America. **Agriculture & Food Security,** v. 11, p. 19, 2022.

PANETTO, J. C. do C. *et al.* (org.). **Programa Nacional de Melhoramento do Gir Leiteiro**: sumário brasileiro de touros: 7ª avaliação genômica de touros: resultado do teste de progênie. Juiz de Fora: Embrapa Gado de Leite, 2024. (Documentos 283).

PASQUINI NETO, R. *et al.* Intensidade de emissão de metano entérico em bovinos de corte a pasto em sistemas de produção com nível crescente de intensificação. *In*: JORNADA CIENTÍFICA EMBRAPA SÃO CARLOS, 16., 2024. São Carlos. **Anais** [...]. São Carlos: Embrapa Instrumentação: Embrapa Pecuária Sudeste, 2024.

PAVIOT, M. *et al.* **Enhancing Brazil's agriculture support**: policies for a competitive, green, and inclusive agrifood sector. Washington, DC: The World Bank, 2025.

PINHEIRO-ALVES, R. *et al.* Carbon and nitrogen dynamics in a successional agroforestry system in the Neotropics. **Journal of Biotechnology and Biodiversity,** v. 9 n. 2, p. 131-141, 2021.

PRADO, R. B. *et al.* **Sumário para tomadores de decisão**: relatório temático sobre agricultura, biodiversidade e serviços ecossistêmicos. Campinas: BPBES, 2024.

RATTIS, L. *et al.* Monotonia nas produções agrícolas. *In*: ABRAMOVAY, R.; FAVARETO, A. (org.). **Caminhos para a transição do sistema agroalimentar**: desafios para o Brasil. São Paulo: Editora Senac São Paulo, 2025.

REDE INTEGRAÇÃO LAVOURA-PECUÁRIA-FLORESTA (REDE ILPF). ILPF em números. **Rede ILPF**, [2025]. Disponível em: https://redeilpf.org.br/ilpf-em-numeros/. Acesso em: 22 ago. 2025.

REIS, J. C. dos *et al.* Fuzzy logic indicators for the assessment of farming sustainability strategies in a tropical agricultural frontier. **Agronomy for Sustainable Development**, v. 43, p. 8, 2023.

REIS, J. C. dos *et al.* **Synthesis of economic results of integrated crop-livestock-forest-systems in Brazilian Amazon and Cerrado biomes**. Brasília, DF: Embrapa Cerrados; Washington, DC: The World Bank, 2025.

RESENDE, R. M. S. *et al.* Melhoramento de forrageiras tropicais. *In*: SIMPÓSIO DE PASTAGEM E FORRAGICULTURA DO CAMPO DAS VERTENTES, 2., 2015, São João del Rei. **Anais** [...]. São João del Rei: UFSJ, 2015.

SALES, M. F. L. *et al.* **Recria de bovinos de corte em pastos de capim-humidícola consorciados com amendoim forrageiro no estado do Acre**. Rio Branco: Embrapa Acre, 2020. (Circular Técnica 79)

SALMAN, A. K. D. *et al.* **Arbopasto – versão 1.0**: aplicativo para auxiliar na escolha de árvores nativas para pastagens. Porto Velho: Embrapa Rondônia, 2020. (Comunicado Técnico 414)

SALTON, J. C. *et al.* Integrated crop-livestock system in Tropical Brazil: toward a sustainable production system. **Agriculture, Ecosystems & Environment**, v. 190, p. 70-79, 2014.

SANTANA, M. L. *et al.* Structure and genetic diversity of Brazilian Zebu cattle breeds assessed by pedigree analysis. **Livestock Science**, v. 187, p. 6-15, 2016.

SANTOS, F. C. dos *et al.* Intensification of pasture-based livestock systems: environmental benefits, forage availability, nutritional value and Nellore cattle performance. **Agroforestry Systems**, v. 99, n. 4, p. 80, 2025.

SANTOS, M. V. F. dos *et al.* Pastagens nativas em diferentes ecossistemas. *In*: SANTOS, M. V. F. dos (org.). **Pastagens tropicais**: dos fundamentos ao uso sustentável. Recife: UFRPE, 2023.

SANTOS, S. A. *et al*. Growth curve of Nellore calves reared on natural pasture in the Pantanal. **Revista Brasileira de Zootecnia**, v. 40, n. 12, p. 2947-2953, 2011.

SCHETTINI, B. L. S. *et al*. Silvopastoral systems: how to use them for carbon neutral milk production. **Carbon management**, v. 12, n. 4, p. 377-384, 2021.

SHELTON, H. M.; FRANZEL, S.; PETERS, M. Adoption of tropical legume technology around the world: analysis of success. **Tropical Grasslands**, v. 39, n. 4, p. 198-209, 2005.

SILVA, N. L. da; ARAÚJO FILHO, J. A. de; SOUSA, F. B. de. **Manipulação da vegetação da caatinga para produção sustentável de forragem**. Sobral: Embrapa Caprinos, 2007. (Circular Técnica 34)

STODDART, L. A.; SMITH, A. D.; BOX, T. W. **Range management.** New York: McGraw-Hill, 1975.

TILMAN, D. *et al*. Agricultural sustainability and intensive production practices. **Nature**, v. 418, p. 671-677, 2002.

TOWNSEND, C. R.; COSTA, N. de L.; PEREIRA, R. G. de A. **Pastagens nativas da Amazônia brasileira**. Porto Velho: Embrapa Rondônia, 2012. (Documentos 149).

TSAI, D. *et al*. **Análise das emissões de gases de efeito estufa e suas implicações para as metas climáticas do Brasil**: 1970-2023. Piracicaba: SEEG, 2024.

UNITED NATIONS (UN). Department of Economic and Social Affairs: Population Division. **World population prospects 2024**. New York: United Nations, 2024. Disponível em: https://population.un.org/wpp/. Acesso em: 22 ago. 2025.

VALENTIM, J. F.; ANDRADE, C. M. S. de. Perspectives of grass-legume pastures for sustainable animal production in the tropics. *In*: REUNIÃO ANUAL DA SOCIEDADE BRASILEIRA DE ZOOTECNIA, 41., 2004, Campo Grande. **Anais** [...]. Campo Grande: Sociedade Brasileira de Zootecnia; Embrapa Gado de Corte, 2004.

VALENTIM, J. F.; ANDRADE, C. M. S. de. Tendências e perspectivas da pecuária bovina na Amazônia brasileira. **Amazônia: Ciência & Desenvolvimento**, v. 4, n. 8, p. 273-283, 2009.

VALENTIM, J. F.; GARRETT, R. D. Promoção do bem-estar dos produtores familiares com uso de sistemas de produção agropecuários e florestais de baixo carbono no bioma Amazônia. *In*: AZEVEDO, A. A.; CAMPANILI, M.; PEREIRA, C. (org.). **Caminhos para uma agricultura familiar sob bases ecológicas**: produzindo com baixa emissão de carbono. Brasília, DF: Ipam, 2015.

VILELA, L. *et al.* Evolution of integrated crop-livestock and crop-livestock-forestry systems in Brazil. *In*: WORLD CONGRESS ON INTEGRATED CROP-LIVESTOCK-FORESTRY SYSTEMS, 2., 2021. [Evento on-line]. **Proceedings [...]**. Campo Grande: Embrapa Gado de Corte, 2021.

VILELA, L. *et al.* Sistemas de integração lavoura-pecuária na região do Cerrado. **Pesquisa Agropecuária Brasileira**, v. 46, n. 10, p. 1127-1138, out. 2011.

ZU ERMGASSEN, E. K. H. J. *et al.* Results from on-the-ground efforts to promote sustainable cattle ranching in the Brazilian Amazon. **Sustainability**, v. 10, n. 4, p. 1301, 2018.

5. A MONOTONIA NAS DIETAS: O PAPEL DA DISTRIBUIÇÃO E COMERCIALIZAÇÃO DE ALIMENTOS

Walter Belik

Introdução

É bastante frequente a tentativa de explicar o comportamento e a possibilidade de eventuais transformações no sistema alimentar a partir do desempenho do setor primário. Sabemos que, de modo geral, a agricultura comercial responde a diferentes estímulos e compensações colocados pela demanda, seja essa industrial ou dos distintos mercados de consumo final. No entanto, dado o caráter dependente do setor agropecuário, não são conhecidos casos nos quais esse setor teria a capacidade de estabelecer uma dinâmica e um padrão de consumo com base nesses estímulos. Seja nos estudos sobre cadeias produtivas ou complexos agroindustriais no nível "meso" de análise, seja na discussão mais geral sobre o desenvolvimento capitalista, como na abordagem dos "regimes alimentares", não é possível identificar nas decisões de produção na lavoura ou na criação animal determinantes para o comportamento geral do sistema alimentar.

Na realidade, a agropecuária está submetida a dois tipos de pressão. Por um lado, os processos de produção agrícola em bases comerciais vêm se aproximando cada vez mais de uma operação industrial por meio dos conhecidos artifícios estabelecidos pelo *apropriacionismo* e pelo *substitucionismo*.[1] De outra parte, a agropecuária comercial está totalmente integrada ao movimento de financeirização, e, dessa forma, não se pode vislumbrar autonomia dos capitais agropecuários – mesmo da propriedade da terra, cada vez mais vista como um capital fundiário.

Essa perda de autonomia da agropecuária coloca limites para uma transformação no sistema alimentar cuja base seja a busca por uma produção ambientalmente sustentável e compatível com a cultura e os hábitos locais. Assim, o comércio e a distribuição de alimentos emergem como elementos explicativos para essa perda de autonomia do setor agropecuário e, alternativamente, como possíveis vetores para uma mudança, considerando que uma dieta monótona e homogênea está cada vez mais presente no padrão de alimentação de todas as classes sociais e também de forma transversal – para locais inusitados do planeta, uma transformação do sistema alimentar demandaria uma atuação direta sobre esses vetores de mudança. Novos hábitos culturais induzidos pela propaganda e mudanças demográficas e sociais estão promovendo novas

---

1 Esses conceitos foram desenvolvidos originalmente por Goodman, Sorj e Wilkinson (1987), considerando que a agropecuária e a alimentação estão se transformando em apêndices do setor industrial. As rotinas de produção na agropecuária e na alimentação outrora eram exclusivas da natureza. Mais recentemente, o avanço do capital industrial e da tecnologia foi reduzindo processos que eram naturais à aplicação de insumos químicos artificiais, como fertilizantes e pesticidas, o uso de sementes "reengenheradas" e o cultivo por meio de máquinas, equipamentos, estufas, fábricas agrícolas, etc. A esse movimento se denomina *apropriacionismo*. De outra parte, o *substitucionismo* procura a desconstrução e reconstrução dos alimentos substituindo seus elementos naturais por uma base artificial que se apropria de sabores, cores e fragrâncias naturais para reproduzir preferências, gostos e sensações.

preferências alimentares. Entender como a distribuição de alimentos foi se transformando ao logo do tempo pode permitir uma melhor compreensão dos desafios a serem enfrentados pelas políticas públicas na promoção de dietas saudáveis e sustentáveis para a população. Dessa maneira, o presente capítulo pretende levantar algumas considerações sobre o peso da distribuição e comercialização nas tendências de homogeneização ou uniformização da alimentação no Brasil.

O moderno varejo de alimentos

As transformações econômicas e sociais provocadas pela Revolução Industrial e, mais tarde, pela revolução nos transportes e comunicações formataram o que denominamos, nos dias de hoje, consumo de massa. Mais recentemente, em uma nova fase do capitalismo, com mudanças nas relações de trabalho e na organização do espaço urbano, já se observa um novo padrão de consumo abrindo espaço para profundas mudanças no desenho e na estrutura das cadeias produtivas.

No início do século XIX, na Europa e nos Estados Unidos, a grande quantidade de bens de consumo gerada no sistema fabril já fluía para os mercados com a espantosa velocidade proporcionada pelas ferrovias e pela navegação a vapor; e os negócios eram firmados com as facilidades dos telégrafos, cabos subterrâneos e integração dos sistemas bancários. Chandler Jr. (1988) aponta o ano de 1840 como o marco do surgimento da grande corporação norte-americana, em uma combinação vertical-horizontal de integração, garantindo suprimentos para a sua produção e aproveitando oportunidades de novos mercados. Nos Estados Unidos, as grandes distâncias e a relativa dispersão dos consumidores acabaram por moldar um modelo de distribuição peculiar com vendas de artigos para a residência e vestuário através de catálogos por correspondência. A confiabilidade do sistema e os custos reduzidos acabaram por promover mudanças importantes no cotidiano das famílias com a eliminação de certos trabalhos domésticos, como o de costurar roupas ou preparar alimentos. Na outra ponta, a agilidade do sistema com a evidente redução dos custos de transação (North, 1997) suprimia de vez o papel do comissário, intermediário ou mascate, colocando em seu lugar a figura do revendedor atacadista.

A literatura aponta de maneira consensual para o magazine Bon Marché, em Paris, como o primeiro varejista de venda em massa do mundo. A abertura da loja em 1852 dava acesso a uma quantidade imensa de artigos para a burguesia e para os novos estratos sociais emergentes em busca de novidades. O conceito de "magazine", sinônimo de loja de departamentos, exigia uma enorme mudança organizacional, com centenas de funcionários controlando as fontes de fornecimento, entregas e fluxos financeiros. Com isso, o desenvolvimento do sistema de informações comerciais e transferências bancárias também se expandia, gerando novas oportunidades de crédito e garantias financeiras. Em pouco mais de uma década, os grandes magazines já estavam presentes nas metrópoles europeias, norte-americanas e até mesmo no Japão.[2]

Na venda por catálogo, a operação também era bastante complexa, dado o número de itens comercializados e a necessidade de contato constante com os provedores. O exemplo de destaque nos Estados Unidos foi a Sears Roebuck & Co., que inicia suas atividades vendendo máquinas de costura, bicicletas, relógios, máquinas de fazer creme, drogas, armas de fogo, etc. – e, dado o tamanho

[2] Galeries Lafayette, Samaritaine e Printemps Haussmann (França); Selfridges e Harrods (Inglaterra); Illum (Dinamarca); Wertheim Village (Alemanha); Nordiska Galleriet (Suécia); Macy's (Estados Unidos); Mitsukoshi (Japão), entre outras, continuam funcionando até hoje.

das suas encomendas, passava a controlar a produção desses itens com sua própria marca. Estima Chandler Jr. (1988, p. 258) que os centros de distribuição da Sears processavam mais de 100 mil comandas por dia em 1905. A Montgomery Ward, sua principal concorrente, tinha um catálogo de 540 páginas e uma variedade de 24 mil artigos já no ano de 1887.

O comércio e a distribuição de alimentos se inserem nessa revolução já no século XIX, mas o seu desenvolvimento é mais lento. Alguns alimentos enlatados, tabaco, açúcar e cereais já permitiam o transporte a grandes distâncias. Somente depois da introdução da tecnologia com maquinário e cargas frigorificadas, no final do século, os abatedouros norte-americanos conseguiam acessar os rebanhos bovinos no Oeste, processando a carne para distribuí-la em Chicago, Boston ou Nova York em poucas horas. O mesmo aconteceria com cargas provenientes do Uruguai e Argentina, com abatedouros nas regiões portuárias e que viajavam diretamente à Europa em navios frigorificados. A carne era uma exceção, mas também uma tendência em um mercado que estava ampliando os seus limites. A grande massificação no sistema de distribuição e de comercialização de alimentos vai acontecer com a introdução do autosserviço nos Estados Unidos na década de 1930.

Os lucros do atacado e varejo vinham de uma fórmula básica: alta rotatividade e baixa margem nas mercadorias, em oposição ao sistema tradicional e personalizado de atendimento com baixa rotação e alta margem. Os preços reduzidos permitiam aumentar ainda mais o giro das mercadorias, turbinadas pela incipiente publicidade da época, benefícios aos melhores funcionários, novos lançamentos e novas modas. Segundo Goodman e Redclift (1991), o advento da comida barata já era uma realidade nos anos 1930 nos Estados Unidos. Na agricultura, as políticas de Estado contribuíram para aumentar a superprodução, e, na indústria de alimentos, a produção em massa e a organização do trabalho em linha inundaram o mercado com novos produtos. Maiores escalas de comercialização exigiam também um novo formato de venda, mais ágil e em espaços maiores, o que acabaria por introduzir o autosserviço.

O sistema demorou alguns anos para se disseminar em plena depressão econômica, pois, na prática, havia elementos na legislação norte-americana que protegiam os pequenos varejistas familiares – presentes até hoje em algumas metrópoles, principalmente na Europa. Adicione a isso o antigo costume de venda na caderneta e a entrega domiciliar, que tornavam o pequeno armazém resistente em relação ao novo sistema de vendas.

Retrocedendo na história, verifica-se que o nascimento do comércio sob o sistema de autosserviço se deu em Los Angeles durante a depressão de 1930 nos Estados Unidos. Os primeiros varejistas norte-americanos de alimentos no sistema de autosserviço acabaram se instalando em bairros de subúrbio ou na periferia das grandes cidades. Segundo Charvat (1961), o sucesso do novo modelo estava baseado em três motivos que passaram a ser replicados em vários outros casos: 1) a área metropolitana era geograficamente dispersa e não possuía um sistema organizado de transporte coletivo, o que incentivava o uso do automóvel; 2) a dispersão espacial levava a uma grande oferta de imóveis baratos nas periferias e subúrbios; e 3) o clima era quente na maior parte do ano, fazendo com que os espaços fossem abertos e convidativos. Logo, o layout revolucionário, sem os tradicionais balcões e, em seu lugar, prateleiras baixas que estimulavam o consumidor, foi copiado em outras partes do país, chegando à Costa Leste logo em seguida. Já na Europa desse período, afetada pelas guerras e com a destruição da malha urbana e encolhimento da sua população, o modelo de autosserviço só deverá surgir nos anos 1950.

A entrada dos supermercados no Brasil

No Brasil, os supermercados aterrissam também nos anos 1950, emulando os hábitos de compra e o "moderno" estilo de vida norte-americanos veiculados no cinema e na propaganda comercial. Analisando o movimento similar de crescimento dos supermercados na África e Ásia, Reardon *et al.* (2003) demonstram que condições sociodemográficas, como a urbanização e a entrada das mulheres no mercado de trabalho, garantiram as bases para essa expansão. No Brasil, após a instalação dos primeiros equipamentos em 1953 pela Rede Sirva-se (do grupo norte-americano Souza Cruz), em São Paulo, para os cooperados da Tecelagem Parahyba em São José dos Campos (SP), e pelo Grupo Real em Porto Alegre, surgem algumas poucas lojas no Rio de Janeiro e na capital paulista. Só mesmo na segunda metade dos anos 1960 esse novo modelo de negócios se espalha e assume o protagonismo no varejo de alimentos (Cyrillo, 1987).

Esse relativo atraso na expansão dos supermercados no Brasil se explica pelas condições institucionais dadas no período anterior às reformas estabelecidas pelos militares em 1964. Entre essas condições estaria a informalidade do varejo tradicional, promovida pela incidência de impostos em cascata estabelecida pelo antigo imposto de vendas e consignações (IVC), os diversos problemas para a abertura de comércio em horários e dias não convencionais e, acima de tudo, as pressões sindicais. Por tudo isso, o modelo de supermercados demorou mais de uma década para se firmar no Brasil (Belik, 1997).

A distribuição em massa pressupõe a produção em massa. Sabemos que, no caso dos alimentos, para os quais é difícil estabelecer uma padronização e cuja oferta está vinculada a questões de estacionalidade, a estratégia dos supermercados para a sua comercialização se pautou, no início, pela colocação de produtos industrializados. De fato, observando o layout dos pontos de vendas no Brasil, o consumidor era apresentado, logo na entrada das lojas, aos enlatados e bebidas dispostos em gôndolas, seguidos por artigos de higiene e limpeza. Os alimentos frescos eram colocados no fundo das lojas juntamente com o açougue e a padaria. No total, a área de vendas representava somente um pouco mais da metade da área total do estabelecimento, reservando-se o restante para o estoque e a manipulação de produtos.

Essa organização do espaço era o reconhecimento tácito de que o supermercado da época não conseguiria competir diretamente com as feiras livres e quitandas. De fato, não era possível praticar preços baixos, embora as margens de comercialização desses produtos nos supermercados fossem ainda menores que aquelas aplicadas aos demais itens. Ademais, esse sistema de comercialização levava a grandes perdas, e as necessidades de pessoal para a limpeza e reposição eram desproporcionais. Por esses motivos, naquela época, a venda de produtos frescos servia apenas para complementar a linha de mercadorias, configurando aquilo que os profissionais de marketing denominavam *one-stop shop*. No caso da venda de carnes e peixes, ainda prevalecia o costume do consumidor de escolher a peça ou o peixe e solicitar o corte ao atendente. Acreditava-se que dessa forma era possível adquirir uma carne mais fresca, já que não se admitia a compra de carne previamente processada. Como o supermercado tinha dificuldades em atender pessoalmente toda a clientela, dava-se preferência à venda de carne, de peixe ou das aves "porcionadas". O mesmo ocorria com a padaria do supermercado, a qual não tinha a capacidade de substituir a experiência da compra do pão quente das padarias tradicionais.

Pouco a pouco, esses procedimentos e costumes foram se alterando. Já em meados dos anos 1970, muitos supermercados mantinham hortas e fazendas próprias ou mesmo produtores sob contrato para o fornecimento de alimentos exclusivos, de forma a garantir os suprimentos e ampliar a lucratividade nessas linhas. A entrada da rede francesa Carrefour no Brasil, em 1975, foi um marco, por exemplo, na medida em que estabeleceu o seu modelo de fornecimento com autonomia para a compra local em cada uma das unidades a partir de um padrão de classificação e qualidade estabelecido com suas especificações em um *cahier de charge*. Vale mencionar também, para a época, a estratégia mais agressiva de algumas redes de supermercados: a apresentação de ofertas em dias de feiras livres na proximidade das suas lojas ou mesmo a constituição de "sacolão" com preços fixos para as frutas, legumes e verduras (FLV), competindo diretamente com os equipamentos de bairro.

Todas essas estratégias foram bem-sucedidas em um período de hiperinflação no qual, por um lado, generalizavam-se o costume da "compra do mês" e a estocagem de alimentos em congeladores caseiros, e, por outro, pequenos produtores de alimentos tinham enormes dificuldades financeiras para manter o fornecimento regular a preços acessíveis para o mercado. Porém, com o avanço da tecnologia e das comunicações e com a estabilização da economia, muitas dessas práticas foram se alterando. Um exemplo claro foi justamente a comercialização de FLV em supermercados.

A relativa estagnação da movimentação de mercadorias e o baixo investimento das centrais públicas de abastecimento, as Ceasas, ilustram essa mudança na comercialização de alimentos frescos por parte dos supermercados. Nos anos 1970 e 1980, boa parte do provimento de alimentos frescos das redes supermercadistas era feita a partir das centrais atacadistas ou, no caso de municípios menores, diretamente com os fornecedores locais. Nos anos 1990, o avanço da informática e de novas técnicas de logística levaram à abertura de plataformas ou centros de distribuição (CDs) privados que reuniam grandes quantidades de produtos, com sortimento restrito, e realizavam o abastecimento das lojas e pontos de venda em bases diárias. Em alguns casos, no seu início, os CDs eram localizados nas proximidades das Ceasas, ocupando galpões alugados. Essa operação paralela acabou por reduzir a relação direta do varejo com as Ceasas, colocando um enorme poder sobre a figura do comprador das redes de supermercados, que mantinha contato direto com fornecedores, muitas vezes até com contratos (formais ou informais) leoninos que exigiam exclusividade. O trabalho do comprador, por sua vez, visava reduzir ao máximo o número de provedores e aumentar a lucratividade da empresa por meio de negociações complexas envolvendo margens, prazos de pagamento, obrigatoriedade com serviços de reposição e absorção de perdas.

O novo poder dos supermercados, alcançado na competição para a venda de alimentos frescos, alterou mais uma vez o layout de suas instalações. Os agora denominados "hortifrútis" foram deslocados para a área da frente das lojas, próximo dos check-outs, de maneira que pudessem ser vistos de fora pelos consumidores. Preços atrativos e mercadorias de grande apelo cosmético oferecidas a qualquer dia e hora da semana vinham ao encontro das expectativas dos novos clientes, capturados pela visível fartura. Repetindo a prática anterior, em certos dias da semana, coincidindo com os dias em que se instalava a feira livre no bairro, os preços baixavam ainda mais sob o sistema de "sacolão" a preço fixo. O risco nessa operação por parte dos supermercados era muito baixo, dado que caberia ao fornecedor o compromisso de repor a mercadoria deteriorada que era vendida em consignação. Com isso, a lucratividade da seção dos hortifrútis começou a subir de patamar, levando consequentemente a um crescimento na sua participação.

Mais recentemente, novas mudanças se processaram na relação entre supermercados e produtores. Os CDs das grandes cadeias de supermercados se consolidaram, cresceu também a relevância das empresas atacadistas distribuidoras independentes com instalações próprias. Essas empresas, que se abastecem com seus produtores, fornecedores exclusivos ou intermediários, proporcionam um serviço completo ao supermercadista – desde a decisão sobre o que oferecer no ponto de venda até embalagem e etiquetagem, exposição e reposição da mercadoria. Com isso, as antigas responsabilidades do produtor em relação às redes de supermercado acabaram se transferindo para os distribuidores, que assumiram a coordenação do processo de abastecimento nos pontos de vendas.

Para as grandes cadeias, a entrega de mercadoria desses distribuidores passou a ser feita tanto nos CDs como nas lojas, sendo que, nas cadeias supermercadistas regionais ou locais, o serviço é apresentado por completo nas próprias lojas. Em todos esses casos, o sortimento de produtos normalmente acaba sendo suplementado com provimentos das Ceasas. Esses novos movimentos observados fazem com que os supermercados já sejam o principal cliente das Ceasas, tendo superado a participação em declínio das feiras livres e demais equipamentos de varejo, segundo os dados comparativos dos perfis de compradores na Ceagesp, a maior central de abastecimento do Brasil, entre 1993 e 2023.[3]

Estrutura da comercialização de alimentos no Brasil

Os dados relativos aos hábitos de compra de alimentos da população brasileira são esparsos e pouco detalhados. Empresas de pesquisa de mercado, como a AC Nielsen, entregam informações

3 "Perfil do atacadista da Ceagesp 2023", pesquisa direta da empresa apresentada em 2024 (documento interno).

segmentadas sob contrato para os seus clientes de varejo no Brasil e não existe nenhuma outra estatística oficial. Com base nessas raras informações, Farina (2002) estimou em 42,8% a participação das redes de supermercados na venda de hortícolas nos últimos anos. Reardon e Berdegué (2002) chegaram à proporção de 50%. Em estudo de Martins, Margarido e Bueno (2007), as proporções são mais modestas: 33% para frutas e legumes e 28% para verduras, mas o seu crescimento foi de 4 a 5 vezes em relação à participação verificada no início dos anos 1980.

Na Pesquisa de Orçamentos Familiares (POF) do Instituto Brasileiro de Geografia e Estatística (IBGE) realizada entre 2008 e 2009 foi possível aferir, para o total da população, a frequência de compras para os principais equipamentos de venda de alimentos. Essa estatística era um mero indicativo do número de vezes que o consumidor acessava um equipamento. Todavia, nesse período, já se demonstrava a supremacia dos supermercados em relação às feiras livres, aos ambulantes e ao comércio tradicional. Nesse levantamento do IBGE, demonstrou-se que a frequência de compra semanal nos supermercados havia subido de 28,9% para 40,1% do total de compras de verduras, e de 30,8% para 43,4% no caso das frutas, entre 2002 e 2008, sendo que esse crescimento se deu em detrimento, principalmente, das feiras livres.

Com maior detalhamento, Machado *et al.* (2018) separaram as frequências de compras de alimentos para 9 tipos de pontos de venda entre os 357 mencionados pelos entrevistados e tratados em microdados do IBGE para a POF 2008-2009. Com base nessa tipologia, foi possível delimitar as preferências segundo os quatro grupos de alimentos da classificação Nova,[4] e os resultados mostram que há uma preferência geral pelos supermercados na aquisição de

[4] Disponível em: https://www.fsp.usp.br/nupens/a-classificacao-nova/. Acesso em: 21 ago. 2025.

alimentos, com 62,2% na área urbana e 42,3% na área rural, considerando-se o denominador comum das calorias. Ademais, a preferência aumenta em função do crescimento do estrato de renda analisado. Na discriminação por grupo de alimentos, é evidente a predominância dos supermercados na escolha do consumidor para a compra de ultraprocessados (60,4% em termos de energia), mas também chama a atenção o enorme peso desses equipamentos na aquisição de alimentos *in natura* ou minimamente processados, totalizando 59,6% das preferências. Esse movimento pode ser explicado pela conveniência da compra em um só local, como mostramos anteriormente. Contudo, essa correlação permite afirmar que a ascensão dos supermercados como principal local de compra está também diretamente associada ao aumento no consumo de ultraprocessados (Machado *et al.*, 2017).

Trabalhando com os microdados da POF 2017-2018, Silva *et al.* (2025) reuniram as 296 observações de locais de compra em 16 grupos de estabelecimentos. Com base no valor nutricional dessas compras, definiu-se a principal fonte de aquisição para os grupos de alimentos divididos em três categorias, levando-se em conta que os grupos 1 e 2 da classificação Nova foram fundidos. A partir desse exercício, verificou-se que hortifrutigranjeiros e açougues destacaram-se como principais fontes de alimentos *in natura* e minimamente processados (G1) e de ingredientes processados (G2); e minimercados e mercearias como principais fontes de alimentos ultraprocessados (G4). Supermercados foram classificados como fontes de aquisição tanto de alimentos *in natura* ou minimamente processados e de ingredientes culinários quanto de ultraprocessados.

Os dados mais recentes, compilados pela própria Associação Brasileira de Supermercados (Abras), trazem um evidente viés, mas têm a vantagem de incorporar outros formatos de autosserviço, como as lojas de conveniência e os atacarejos. Define-se o supermercado como um varejista de autosserviço com pelo menos dois check-outs e uma área de venda que pode variar de 150 m^2, para supermercados de proximidade, até mais de 10.000 m^2 para hipermercados. As lojas de conveniência são pequenos estabelecimentos (entre 50 e 200 m^2) de alimentação e artigos de bazar com área de fast food. Já os atacarejos são estabelecimentos de autosserviço misto de grandes proporções (acima de 2.500 m^2 de área de vendas) que funcionam como loja-depósito, comercializando desde alimentos variados até eletrodomésticos (Morais; Miranda, 2021).

Segundo dados dos registros no Ministério da Fazenda – Receita Federal – compilados pela Abras, um universo de 318 mil micro e pequenas empresas estava dedicado ao varejo de alimentos no Brasil em 2023. Esse dado não inclui outros 300 mil microempreendedores individuais. O ranking de vendas da Abras coleta anualmente informações de 1.251 empresas consideradas como supermercados ou atacarejos, não levando em conta outros tipos de autosserviço (lojas de conveniência, etc.) e o comércio eletrônico exclusivo. Com isso, considera-se que o comércio de alimentos tenha tido um conjunto de 319,5 mil empresas – soma do comércio tradicional com os hipermercados, atacarejos e supermercados que informaram seu movimento à Abras – e um faturamento declarado de R$ 1.001 bilhão em 2023. Atualmente, o formato atacarejo predomina no conjunto do faturamento do autosserviço (incluindo, nesse caso, as lojas de conveniência) com a expressiva participação de 47,3% do total de faturamento do setor contra 38,6% do supermercado tradicional. A concentração de receita entre as 5 maiores empresas estaria em 25%, segundo os cálculos da associação empresarial.

A comercialização de alimentos nos varejos, e principalmente nos supermercados, não é exclusiva. Esses estabelecimentos comercializam também outros itens não alimentares. Porém, em termos de faturamento dos supermercados, os dados de 2023 mostram que a seção de FLV contribui com 8,2% do faturamento, com crescimento em relação aos anos anteriores. Na soma do faturamento, as seções de alimentação (FLV, mercearia, congelados, padaria, açougue, etc.) representam 79,9% da receita. Vale destacar também que 63% trabalham com a venda de produtos orgânicos (34% *in natura* e 66% industrializados, sem informação sobre faturamento) (Abras, 2024).

Não há uma informação oficial sobre a quantidade de alimentos comercializados para que se possa comparar o volume de vendas em cada tipo de equipamento. Como foi demonstrado, os dados de faturamento dos supermercados incluem outras categorias de vendas de produtos, assim como os dados de outros tipos de varejos. Temos também apenas informações parciais sobre a quantidade de feiras livres[5] e a venda de produtos frescos pelas Ceasas.[6] No entanto, não há uma estatística direta que possa apoiar a informação a respeito do controle dos supermercados sobre a venda de alimentos.

Um cálculo grosseiro da concentração poderia ser feito corrigindo, pelo Índice Nacional de Preços ao Consumidor Amplo (IPCA), os dados de faturamento das três classes da Pesquisa Anual do Comércio 2023 (PAC), realizada pelo IBGE com dados de 2022.[7]

---

5 O MapaSAN 2022 pesquisou uma amostra de 1.935 municípios e identificou 5.059 feiras livres em 1.235 municípios (Brasil, 2022).

6 Dados compilados no Sistema Informações Setoriais de Comercialização (SISCOM) da Companhia Nacional de Abastecimento (Conab). Disponível em: http://www3.ceasa.gov.br/siscomweb/. Acesso em: 21 ago. 2025.

7 As três classes do IBGE são: "produtos alimentícios, bebidas e fumo", "outros tipos de comércios não especializados com predominância de produtos alimentícios" e "hipermercados e supermercados". O número de empresas classificadas como "hipermercados e supermercados" era de 12.931 de um total de 266.129 empresas dessas três classes somadas. O faturamento geral dessas três classes somadas foi R$ 1.046 bilhão, em 2022, segundo a PAC, e R$ 1.001 bilhão, em 2023, segundo as empresas pesquisadas pela Abras, como vimos. Já o faturamento dos 12.931 supermercados e hipermercados seria R$ 790,6 bilhões, segundo a PAC, em 2022, contra R$ 602,6 bilhões das 1.251 empresas da Abras.

Dessa maneira, teríamos que as 1.251 empresas da Abras, ou 9,7% das empresas identificadas em uma das três classes estabelecidas pelo IBGE, representariam aproximadamente 72,8% das vendas gerais aferidas pela PAC no segmento "supermercados e hipermercados" e 55,1% de todo o setor de varejo das três categorias analisadas. Já os cinco maiores supermercados (9,7% do segmento e 0,04% das três classes) teriam uma participação de 30,9% das vendas totais no segmento "supermercados e hipermercados" e 23,4% das três classes do IBGE.

Tendências no varejo de alimentos

Costuma-se comparar o avanço do consumo de alimentos padronizados, com destaque para os industrializados, com a etapa fordista do desenvolvimento capitalista. Com efeito, como vimos anteriormente, a expansão da produção agrícola e pecuária para atender ao mercado de massas levava a uma oferta em grandes quantidades que só poderia ser atingida com métodos produtivos em grande escala, especialização, trabalho repetitivo e padronização de insumos e matérias-primas (Mazoyer; Roudart, 2010). A Revolução Verde desencadeada no pós-guerra garantiu esses elementos, que, por sua vez, propiciaram novos aumentos de escala. Nos gloriosos anos seguintes, a globalização e a quebra de barreiras comerciais, com a ampliação do alcance dos mercados, levaram consequentemente a uma visível padronização da dieta. Reforçando o que foi mencionado, a revolução na produção foi ladeada por uma verdadeira revolução na comercialização, nos hábitos de consumo e nos hábitos de compra. Ao longo do tempo, esses elementos se retroalimentaram e evoluíram para uma situação de quase completa associação.

A comercialização de alimentos em supermercados é o elemento-chave que dinamizou a tendência de massificação do consumo com a consolidação de uma dieta monótona. Seja nas economias avançadas ou nas periferias do planeta, a sociedade industrial passou a valorizar alimentos que pudessem ser consumidos com praticidade, maior durabilidade (o chamado *shelf-life*) e boa aparência. Ao mesmo tempo, a logística embutida em novas revoluções no transporte e na manipulação de alimentos proporcionou a ampliação do fornecimento (*global supply*), respeitando as características impostas pela padronização, tendo em vista a importância dada pelo consumidor à praticidade na comercialização, nas embalagens e nas porções, cada vez maiores, por sinal.

Nesse contexto, a discussão sobre a necessidade de transformação no sistema alimentar se coloca de maneira relativamente recente e sob a influência das relações de produção e consumo em uma sociedade que está em transição para uma era pós-industrial. Nessa nova fase, os processos de produção são flexíveis e a segmentação de mercados, bem como a diferenciação dos estratos de consumo se fazem presentes. Ato contínuo, coloca-se a possibilidade de uma volta aos hábitos de consumo tradicionais, com ênfase nos circuitos curtos de produção e consumo. Esse encadeamento pós-fordista encontra eco nas preocupações atuais com o meio ambiente e a justiça social.

Como observam McMichael e Friedmann (2007), do ponto de vista do consumo, os varejistas modernos são muito expeditos em se apropriar de discursos de práticas alternativas, acomodando culturas alimentares em vista de suas estratégias comerciais. De fato, essa nova abordagem não ameaça a trajetória de crescimento e lucratividade. Todavia, para se tornar efetiva, essa transformação do sistema alimentar deve ser mais profunda, apoiando-se em dietas saudáveis e sustentáveis, o que implicaria em uma revisão radical das práticas de distribuição e consumo. Trata-se de recompor a fratura que atualmente tem como base a separação entre pessoas e natureza (o conceito marxista de *metabolic rift*), sendo essa uma tendência disruptiva no sistema alimentar (Schneider; McMichael, 2010; Marsden; Morley, 2014).

Embora a monotonia na alimentação seja uma tendência predominante, o universo da cultura alimentar é ainda bastante diverso, e diferentes "sistemas" sobrevivem e se afirmam por meio da sobreposição de práticas (Fine; Heasman; Wright, 1996) nas distintas "ordens alimentares", para utilizar um conceito desenvolvido por Nierdele e Wesz Junior (2018). Compartilhando da ironia expressa por Poulain (2013), os autores demonstram que os comedores atualmente contam com uma diversidade alimentar inédita, proporcionada pela mundialização, que não destruiu os particularismos locais, ao contrário, alimentou-se deles para alargar a sua influência (Nierdele; Wesz Junior, 2018). Todavia, não se pode considerar a enorme diversidade de produtos oferecida pela indústria de alimentos como indicativo de respeito às preferências culturais, mesmo porque o ambiente alimentar predominante não favorece a saúde e a sustentabilidade. Talvez uma forma de iniciar essa transformação seja trabalhar o local de acesso ao alimento, ou "[...] abandonar as suas áreas dominadas: o supermercado, o fast-food e o delivery" (Pollan, 2008, p. 173).

Talvez na Europa ou em países de alta renda, a diversidade esteja presente e ao alcance dos consumidores em uma situação na qual o ambiente alimentar os favoreça. Entretanto, no Brasil e em outros países em desenvolvimento, a diversidade na alimentação e a crescente influência de redes alternativas de distribuição estariam relativamente apartadas da maior parte dos consumidores. "Sem mudanças políticas e institucionais profundas, as redes alimentares alternativas correm o risco de ficar limitadas a prover 'pessoas abastadas' em espaços de consumo circunscritos, cujas fronteiras são patrulhadas por varejistas rentistas ávidos de novas oportunidades para diferenciar linhas de produtos" (Goodman, 2017, p. 77).

O acesso ao alimento, dimensão fundamental da segurança alimentar e nutricional, pode ser avaliado no seu aspecto monetário, mas também em relação às questões físicas que possam bloquear sua disponibilidade nas diferentes camadas sociais. Com exceção dos casos de guerras e catástrofes naturais, os dois tipos de acesso estão interligados. A população de baixa renda consome pouco e gasta pouco em termos absolutos na compra de alimentos – consequentemente, nas áreas geográficas nas quais preponderam moradores pobres, não há equipamentos de comercialização de alimentos de melhor qualidade. Nessas áreas, predominam os desertos ou pântanos alimentares, portanto a alimentação saudável não é uma questão de escolha.

O conceito de dieta saudável e sustentabilidade é algo ainda em debate e, perigosamente, ainda sujeito à apropriação pelo mainstream alimentar. Segundo o documento orientador de políticas públicas lançado pela Organização das Nações Unidas para Alimentação e Agricultura (FAO) há mais de uma década, seguindo recomendações de um grupo de trabalho de especialistas, as dietas devem respeitar a biodiversidade e os ecossistemas, e ser culturalmente aceitáveis, acessíveis economicamente, justas, nutricionalmente adequadas, seguras e saudáveis, ao mesmo tempo que otimizam os recursos naturais e humanos (Burlingame; Dernini, 2012; FAO, 2011). Complementando a definição, a "dieta sustentável" é aquela com baixo impacto ambiental (Johnston; Fanzo; Cogill, 2014; Garnett, 2014), o que pode se traduzir simplesmente em "circuitos curtos", produção local ou relocalização. Em outras palavras, a "procedência local tornou-se praticamente sinônimo de qualidade" (Goodman, 2017, p. 63), ou um novo paradigma alimentar a ser alcançado, como reforçam Sonnino e Marsden (2017).

Considerações finais

Como tratamos neste capítulo, a monotonia nas dietas estaria vinculada não só à redução na diversidade da oferta de alimentos, mas também à massificação e homogeneização dos hábitos de consumo. Todavia, mais recentemente, passou-se a analisar se o quadro macroeconômico, a crise ambiental e a crescente ruptura nas cadeias globais de suprimentos, decorrente de disputas comerciais, poderiam empurrar as populações do mundo para um novo padrão de consumo alimentar: mais saudável e responsável ambientalmente.

O que este texto procurou mostrar é que o chamado pós-produtivismo, propiciado pela adoção de novas tecnologias que garantem maior flexibilidade à produção e à distribuição dos alimentos, poderia abrir espaço para uma mudança nas dietas iniciando pela disponibilização de uma maior variedade e diversidade de alimentos. No entanto, essa nova trajetória não representa uma evolução, para todos os efeitos. Trata-se, de maneira geral, tão somente de uma mudança de base técnica que poderia persistir sem alterar fundamentalmente os hábitos de consumo alimentar. Do ponto de vista ambiental, alertam Marsden e Morley (2014, p. 9), "[...] o pós-produtivismo na Europa veio com alguns custos, um custo não apenas em termos da extensão vasta do *food miles* mas também no distanciamento e exportação do risco ecológico e seu dano para outras partes do globo".

Considerando que os mercados são socialmente construídos e, portanto, assumem diferentes formas segundo o ambiente institucional e a dinâmica dos atores, em uma crítica direta às bases conceituais da Nova Economia Institucional, não são os atributos e características da mercadoria que estabelecem o tipo de mercado; portanto, para que possamos reformar as dietas enquanto somatório de nutrientes ingeridos, é preciso mudar relações sociais, ou seja: a governança sobre os alimentos. Em suma: não se trata apenas de mudar o tipo de alimento ou o local de consumo e, sim, todo o ambiente alimentar. Para tanto, o movimento principal deve ser no sentido de transitar de uma governança coorporativa para uma governança reflexiva (Renting; Marsden; Banks, 2003; Ploeg, 2016; Marsden; Hebink; Mathjis, 2018), não no sentido dos cidadãos-consumidores individuais com nichos de diferenciação, mas sim de grupos organizados de consumo (Shubert; Portillo, 2023).

Contudo, para o estabelecimento de um marco alimentar diversificado e dinâmico baseado em redes alternativas e circuitos curtos, torna-se necessário olhar para as condições de operação desses mecanismos em comparação com a costumeira governança corporativa. Assim, vale incorporar os três critérios de desempenho destacados por Belletti e Marescotti (2027) baseados na experiência europeia, como segue: 1) redistribuição de custos de produção e logística entre os diferentes agentes; 2) redistribuição do valor na fase de abastecimento; e 3) eficiência na habilidade de transmitir os atributos de qualidade. A pactuação para uma maior eficiência nesses três mecanismos de governança reflexiva permitiria que produtores de alimentos e comerciantes se sentissem mais confortáveis em abandonar a especialização e economias de escala em nome da diversificação. Atendidas essas condições, o formato que garanta acesso aos alimentos pode ser variado, passando, inclusive, pelo sistema de autosserviço.

De outra parte, esse movimento implicaria também em maiores custos para os consumidores, considerando não só os custos de produção compartilhados como também as mudanças de hábitos, tempo e busca de informações para o consumo. Portanto, como se observa, a transição para um ambiente alimentar saudável e diversificado não se dará somente pelos mecanismos de preços – o que joga maior responsabilidade sobre as políticas públicas. Além dos estímulos e desestímulos tributários sobre o preço de venda, outras possibilidades de acesso se colocam. Alguns programas governamentais podem apoiar essa almejada transição, tais como as compras de alimentos para os equipamentos públicos; pontos de venda de alimentação saudável; transferências de renda condicionadas à compra de alimentos; e ordenamentos locais para o funcionamento de equipamentos de venda e consumo de alimentos.

Referências

ASSOCIAÇÃO BRASILEIRA DE SUPERMERCADOS (ABRAS). Ranking Abras 2024. **SuperHiper**, ano 50, n. 569, 2024.

BELIK, W. Evolução e tendências do varejo. *In*: MORGADO, M. G.; GONÇALVES, M. N. (org.). **Varejo**: administração de empresas comerciais. São Paulo: Editora Senac São Paulo, 1997.

BELIK, W.; SANTOS, R. R. dos. Regional market strategies of supermarkets and food processors in extended MERCOSUR. **Development Policy Review**, v. 20, n. 4, p. 515-528, 2002.

BELLETTI, G.; MARESCOTTI, A. Inovações econômicas em cadeias curtas de abastecimento alimentar. *In*: SCHNEIDER, S.; GAZOLLA, M. (org.). **Cadeias curtas e redes agroalimentares alternativas**: negócios e mercados da agricultura familiar. Porto Alegre: Editora da UFRGS, 2017.

BRASIL. Ministério do Desenvolvimento e Assistência Social, Família e Combate à Fome. **Mapeamento de Segurança Alimentar e Nutricional (MapaSAN)** – Sumário Executivo. 2022. Disponível em: https://www.gov.br/mds/pt-br/caisan/monitoramento-da-san/MapaSAN_2022__Anlise_Descritiva_verso_final.pdf. Acesso em: 21 ago. 2025.

BURLINGAME, B.; DERNINI, S. (ed.). **Sustainable diets and biodiversity**: directions and solutions for policy, research and action. Rome: FAO, 2012.

CHANDLER JR., A. **La main visible des managers**: une analyse historique. Paris: Economica, 1988.

CHARVAT, F. J. **Supermarketing**. New York: MacMillan, 1961.

CYRILLO, D. C. **O papel dos supermercados no varejo de alimentos**. 1987. Tese (Doutorado em Economia) – Faculdade de Economia, Administração e Contabilidade, Universidade de São Paulo, São Paulo, 1987.

FARINA, E. M. M. Q. Consolidation, multinationalisation and competition in Brazil: impacts on horticulture and dairy product systems. **Development Policy Review**, v. 20, n. 4, p. 441-458, 2002.

FINE, B.; HEASMAN, M.; WRIGHT, J. **Consumption in the age of affluence**: the world of food. London: Routledge, 1996.

GARNETT, T. What is a sustainable healthy diet? A discussion paper. **Food Climate Research Network**, 2014.

GOODMAN, D. Espaço e lugar nas redes alimentares alternativas: conectando produção e consumo. *In*: SCHNEIDER, S.; GAZOLLA, M. (org.). **Cadeias curtas e redes agroalimentares alternativas**: negócios e mercados da agricultura familiar. Porto Alegre: Editora da UFRGS, 2017.

GOODMAN, D.; REDCLIFT, M. **Refashioning nature**: food, ecology and culture. Londres: Routledge, 1991.

GOODMAN, D.; SORJ, B.; WILKINSON, J. **From farming to biotechnology**: a theory of agro-industrial development. Oxford; New York: Basil Blackwell, 1987.

INSTITUTO BRASILEIRO DE GEOGRAFIA E ESTATÍSTICA (IBGE). **Pesquisa de Orçamentos Familiares 2008-2009**: despesas, rendimentos e condições de vida. Rio de Janeiro: IBGE, 2010.

INTERNATIONAL SCIENTIFIC SYMPOSIUM "BIODIVERSITY AND SUSTAINABLE DIETS: UNITED AGAINST HUNGER", 2010, Rome. **Report** [...]. Rome: FAO; Biodiversity International, 2011.

JOHNSTON, J. L.; FANZO, J. C.; COGILL, B. Understanding sustainable diets: a descriptive analysis of the determinants and processes that influence diets and their impact on health, food security, and environmental sustainability. **Advances in Nutrition**, v. 5, n. 4, p. 418-429, 2014.

MACHADO, P. P. *et al*. Is food store type associated with the consumption of ultra-processed food and drink products in Brazil? **Public Health Nutrition**, v. 21, n. 1, p. 201-209, 2018.

MACHADO, P. P. *et al*. Price and convenience: the influence of supermarkets on consumption of ultra-processed foods and beverages in Brazil. **Appetite**, v. 116, p. 381-388, 2017.

MARSDEN, T.; HEBINCK, P.; MATHIJS, E. Re-building food systems: embedding assemblages, infrastructures and reflexive governance for food systems transformations in Europe. **Food Security**, v. 10, p. 1301-1309, 2018.

MARSDEN, T.; MORLEY, A. (org.). **Sustainable food systems**: building a new paradigm. Londres: Routledge, 2014.

MARTINS, V. A.; MARGARIDO, M. A.; BUENO, C. R. F. Alteração no perfil de compra de frutas, legumes e verduras nos supermercados e feiras livres na cidade de São Paulo. **Informações Econômicas**, v. 37, n. 2, p. 30-37, 2007.

MAZOYER, M.; ROUDART, L. **História das agriculturas no mundo**: do neolítico à crise contemporânea. São Paulo: Editora Unesp; Brasília, DF: NEAD, 2010.

MCMICHAEL, P. A food regime genealogy. **The Journal of Peasant Studies**, v. 36, n. 1, p. 139-169, 2009.

MCMICHAEL, P.; FRIEDMANN, H. Situating the 'Retailing Revolution'. *In*: BURCH, D.; LAWRENCE, G. (org.). **Supermarkets and agri-food supply chains**: transformations in the production and consumption of foods. Cheltenham: Edward Elgar, 2007.

MORAIS, J. R. G. de; MIRANDA, R. de S. A gênese supermercadista: das resistências às inovações do autosserviço (agro)alimentar. **Revista Raízes**, v. 41, n. 1, p. 134-158, 2021.

NIEDERLE, P. A.; WESZ JUNIOR, V. J. **As novas ordens alimentares**. Porto Alegre: Editora da UFRGS, 2018.

NORTH, D. C. Some fundamental puzzles in economic history/development. *In*: ARTHUR, W. B.; DURLAUF, S. N.; LANE, D. A. (org.). **The economy as a complex evolving system II**. Boca Raton: CRC Press, 1997.

NÚCLEO DE PESQUISAS EPIDEMIOLÓGICAS EM NUTRIÇÃO E SAÚDE DA UNIVERSIDADE DE SÃO PAULO (NUPENS-USP). A classificação Nova, 2025. Disponível em: https://www.fsp.usp.br/nupens/a-classificacao-no. Acesso em: 21 ago. 2025.

PLOEG, J. D. van der. Mercados aninhados recém-criados: uma introdução teórica. *In*: MARQUES, F. C.; CONTERATO, M. A.; SCHNEIDER, S. (org.). **Construção de mercados e agricultura familiar**: desafios para o desenvolvimento rural. Porto Alegre: Editora da UFRGS, 2016.

POLLAN, M. **Em defesa da comida**. Rio de Janeiro: Intrínseca, 2008.

POULAIN, J. P. **Sociologias da alimentação**: os comedores e o espaço social alimentar. 2. ed. Florianópolis: Editora da UFSC, 2013.

REARDON, T. *et al*. The rise of supermarkets in Africa, Asia and Latin America. **American Journal of Agricultural Economics**, v. 85, n. 5, p. 1140-1146, 2003.

REARDON, T.; BERDEGUÉ, J. A. The rapid rise of supermarkets in Latin America: challenges and opportunities for development. **Development Policy Review**, v. 20, n. 4, p. 317-334, 2002.

RENTING, H.; MARSDEN, T. K.; BANKS, J. Understanding alternative food networks: exploring the role of short food supply chains in rural development. **Environment and Planning**, n. 35, n. 3, p. 393-411, 2003.

SCHNEIDER, M.; MCMICHAEL, P. Deepening, and repairing, the metabolic rift. **The Journal of Peasant Studies**, v. 37, n. 3, p. 461-484, 2010.

SCHUBERT, M. N.; PORTILLO, F. Ativismo alimentar e consumo político alimentar: uma análise a partir da Teoria das Práticas Sociais. *In*: SCHUBERT, M. N.; SONNINO, R.; MARSDEN, T. Além da linha divisória: repensando relações entre redes alimentares alternativas e convencionais na Europa. *In*: SCHNEIDER, S.; GAZOLLA, M. (org.). **Cadeias curtas e redes agroalimentares alternativas**: negócios e mercados da agricultura familiar. Porto Alegre: Editora da UFRGS, 2017.

SILVA, M. A. L. da. *et al*. Sistema de classificação dos locais de aquisição de alimentos com base no Guia Alimentar para a População Brasileira: Locais-Nova. **Epidemiologia e Serviços de Saúde**, v. 34, p. e20240361, 2025.

TONIN, J.; SCHNEIDER, S. (org.). **Desafios e tendências da alimentação contemporânea**: consumo, mercados e ação pública. Porto Alegre: Editora da UFRGS, 2023.

TORDJMAN, H. **Some general questions about markets**. Laxemburgo: IIASA, 1998.

6. O CENÁRIO DA TRANSIÇÃO ALIMENTAR NO BRASIL: MAIS ULTRAPROCESSADOS, MAIS CARNES E MENOS BIODIVERSIDADE

Maria Laura da Costa Louzada, Fernanda Helena Marrocos-Leite, Marcos Anderson Lucas da Silva e Patrícia Constante Jaime

Introdução

O conceito de alimentação saudável tem se ampliado nas últimas décadas, incorporando não apenas os efeitos sobre a saúde individual, mas também suas implicações ambientais e sociais. Essa abordagem vem sendo adotada em guias alimentares nacionais, e por organismos internacionais como a Organização das Nações Unidas para Alimentação e Agricultura (FAO) e a Organização Mundial da Saúde (OMS). Em 2019, a FAO e a OMS definiram uma dieta saudável e sustentável como aquela que "promove todas as dimensões da saúde e do bem-estar das pessoas; tem baixo impacto ambiental; é acessível, economicamente justa, segura e culturalmente aceitável". Social e culturalmente, essa dieta valoriza tradições alimentares locais, promove a equidade e tem como base uma variedade de alimentos nutritivos que favorecem o crescimento, o desenvolvimento e a prevenção de doenças, e são provenientes de cadeias produtivas que minimizam emissões de gases de efeito estufa, preservam a biodiversidade e utilizam os recursos naturais de forma eficiente (FAO; WHO, 2019).

Essa definição reconhece que não há um modelo único de dieta saudável e sustentável. Diferentes regiões e culturas podem alcançar um padrão alimentar adequado com distintas combinações de alimentos. No entanto, existem características norteadoras comuns (Fardet; Rock, 2020; Tessier *et al.*, 2025).

A primeira dessas características está relacionada ao processamento dos alimentos, cujo modo afeta diretamente sua composição nutricional, o impacto ambiental, a acessibilidade e a aceitação cultural. Em 2009, a proposta de classificação Nova fortaleceu o estudo dessa temática ao oferecer um referencial conceitual e metodológico para agrupar os alimentos com base no grau e na finalidade de seu processamento industrial (Monteiro *et al.*, 2019). A Nova classifica os alimentos em quatro grupos: alimentos *in natura* ou minimamente processados; ingredientes culinários; alimentos processados; e alimentos ultraprocessados. Estes últimos são formulações de ingredientes, em sua maioria de uso industrial exclusivo, resultantes de uma série de processos industriais e projetados para competir com os demais grupos (Monteiro *et al.*, 2019).

Um corpo sólido de evidências mostra que os alimentos ultraprocessados têm impactos negativos sobre a saúde humana, e as evidências sobre os impactos ambientais são crescentes, mas ainda incipientes. No campo da saúde, eles estão associados a desequilíbrios nutricionais, ingestão calórica excessiva e menor consumo de compostos bioativos (Martini *et al.*, 2021). Eles também aumentam a exposição a aditivos alimentares potencialmente nocivos e a contaminantes tóxicos gerados durante o processamento ou liberados por materiais de embalagem (Srour *et al.*, 2022). Evidências epidemiológicas consistentes associam padrões alimentares com alta participação de ultraprocessados a mais de trinta desfechos adversos à saúde, incluindo obesidade, diabetes tipo 2, doenças cardiovasculares e depressão (Lane *et al.*, 2024). No Brasil, estima-se que o aumento do consumo desses alimentos entre 2002 e 2009 tenha sido responsável por cerca de 30% do crescimento da obesidade no mesmo período (Louzada *et al.*, 2022a) e por aproximadamente 57 mil mortes prematuras em 2019 (Nilson *et al.*, 2023).

Do ponto de vista ambiental, alguns trabalhos mais recentes – embora concentrados em países de alta renda – sugerem que os alimentos ultraprocessados também seriam um dos vetores de degradação ambiental. Uma revisão de mais de cinquenta estudos realizados em diferentes países mapeou os impactos ambientais desses alimentos ao longo da cadeia de suprimento alimentar – desde a produção agrícola, passando pelo processamento, embalagem, transporte, até a distribuição e consumo (Anastasiou *et al.*, 2022). No contexto brasileiro, dois estudos realizados com amostras representativas da população indicaram que o consumo de alimentos ultraprocessados contribuiu significativamente para o aumento das pegadas de carbono, hídrica e ecológica – que medem, respectivamente, as emissões de gases de efeito estufa, o uso de água e de recursos naturais renováveis. Segundo Silva *et al.* (2021), essas pegadas associadas à aquisição domiciliar de alimentos ultraprocessados aumentaram em 245%, 233% e 183%, respectivamente, nas últimas três décadas, acompanhando o crescimento do consumo desses produtos. Garzillo *et al.* (2022), analisando o período de 2008 a 2009, observaram que a pegada hídrica de padrões alimentares com maior consumo de ultraprocessados chegou a ser 10% maior do que a de padrões com menor consumo desses produtos. No campo social, a expansão global dos ultraprocessados tem enfraquecido culturas alimentares tradicionais, desestruturado sistemas alimentares locais e aprofundado desigualdades ao direcioná-los principalmente a populações vulnerabilizadas e transferir os custos das consequências do consumo desses produtos para o setor público, especialmente em países de baixa e média renda. Estratégias de marketing voltadas a crianças e adolescentes contribuem para a alienação em relação à alimentação e geram estresse familiar (Moodie *et al.*, 2021; Monteiro; Cannon, 2012).

A segunda característica se refere à origem dos alimentos: se de base animal ou vegetal. Alimentos de origem animal, como carnes, laticínios e ovos, fornecem nutrientes importantes, particularmente em fases específicas do ciclo da vida (WHO, 2023). No entanto, há evidências robustas de que o consumo excessivo de alguns alimentos de origem animal está associado a impactos negativos para a saúde e para o meio ambiente.

O setor pecuário é responsável por 25,9% das emissões de gases de efeito estufa decorrentes do sistema agroalimentar global (Sutton; Lotsch; Prasann, 2024). No sistema agroalimentar brasileiro, esse percentual corresponde a 91,6% das emissões de metano (Alencar *et al.*, 2022). A bovinocultura também representa a maior contribuição (33%) para a pegada hídrica global da produção animal (Bhagat *et al.*, 2020), ainda que esse impacto possa variar segundo o local, tipos de manejo empregados e sistema produtivo (Gerbens-Leenes; Mekonnen; Hoekstra, 2013). Estudo realizado com dados da Pesquisa de Orçamentos Familiares (2017-2018) (IBGE, 2020) demonstrou que, embora a carne bovina representasse apenas 5,2% das calorias disponíveis para consumo, ela respondeu por quase metade da pegada de carbono e por pouco mais de um terço da pegada hídrica da alimentação (Cruz *et al.*, 2024). Além disso, o consumo excessivo de carnes vermelhas e processadas – presentes nos diferentes grupos da Nova – tem sido relacionado a maior risco de doenças crônicas, em particular doenças cardiovasculares e câncer colorretal (WHO, 2023). A expansão do agronegócio, orientado à produção de commodities para cadeias industriais, também contribui para a exclusão de agricultores familiares, a concentração de terras e o enfraquecimento de circuitos curtos e territoriais de produção e consumo (Friedrich *et al.*, 2021).

A terceira e última característica diz respeito à biodiversidade alimentar, definida como "a diversidade de plantas, animais e outros organismos (como fungos e leveduras) utilizados na alimentação, tanto cultivados quanto selvagens" (Biodiversity International, 2017; Lachat *et al.*, 2018). A diversidade de espécies consumidas em uma dieta está associada a melhor qualidade nutricional, menor impacto ambiental e valorização dos sistemas alimentares locais (Biodiversity International, 2017; Hanley-Cook *et al.*, 2023). Dietas compostas por uma ampla variedade de espécies tendem a fornecer uma gama maior de micronutrientes, fibras e compostos bioativos, além de apoiar práticas agrícolas mais resilientes e menos dependentes de insumos intensivos – especialmente quando essa diversidade se baseia em alimentos de origem vegetal oriundos de ingredientes agrícolas *in natura* ou minimamente processados (Biodiversity International, 2017; Fardet; Rock, 2020; Hanley-Cook *et al.*, 2023).

Esse conjunto de evidências, quando considerado de forma integrada, fortalece um consenso científico emergente sobre o que caracteriza um padrão alimentar saudável e sustentável: aquele baseado em uma variedade de alimentos *in natura* ou minimamente processados, majoritariamente de origem vegetal, e que restringe o consumo de alimentos ultraprocessados.

A seguir, o capítulo está estruturado em duas grandes seções. A primeira apresenta as tendências do consumo alimentar no Brasil, considerando as três dimensões discutidas nesta introdução: consumo de alimentos ultraprocessados, consumo de carnes e diversidade de espécies na dieta. A segunda seção apresenta as implicações dessas tendências para as políticas públicas de alimentação.

Transição alimentar no Brasil

No Brasil, as alterações no padrão de consumo alimentar da população podem ser observadas por meio de uma série histórica baseada nas Pesquisas de Orçamentos Familiares (POFs), consideradas excelentes *proxies* do consumo real de alimentos, ainda que os dados disponibilizados sejam sobre a aquisição domiciliar de alimentos (Louzada *et al.*, 2017). As análises das últimas três POFs indicam que a população brasileira está se afastando de um padrão alimentar saudável e sustentável. Nas últimas décadas, observou-se um aumento mundial do consumo de alimentos ultraprocessados e de produtos de origem animal (em especial de carnes), em detrimento de uma variedade de alimentos *in natura* e minimamente processados de origem vegetal.

O conjunto dos gráficos 1 a 5 mostra a evolução temporal da disponibilidade domiciliar de alimentos ultraprocessados (1); de alimentos de origem animal (2); carnes em geral (3); carnes vermelhas e processadas (4); e da diversidade de espécies vegetais e animais provenientes de alimentos *in natura* e minimamente processados (5) no Brasil entre 2002 e 2003, entre 2008 e 2009, e entre 2017 e 2018 (ver quadro "Métodos empregados nas análises dos dados").

Entre os dados coletados em 2002-2003 e em 2017-2018, observou-se um aumento expressivo da participação calórica média de alimentos ultraprocessados de 14,2% para 19,4%, e de alimentos de origem animal de 19,5% para 24,1%. O maior crescimento da participação de alimentos ultraprocessados foi verificado entre 2002-2003 e 2008-2009, seguido por uma desaceleração recente, atribuída principalmente à redução das compras de refrigerantes entre 2008-2009 e 2017-2018.

Em relação aos alimentos de origem animal, também foi observado um aumento significativo da participação calórica média, que passou de 19,5% em 2002-2003 para 24,1% em 2017-2018. Carnes em geral e carnes vermelhas e processadas, por sua vez, passaram de 11,0% para 14,2% e de 7,0% para 9,2%, respectivamente, no mesmo período.

Por outro lado, foi observada uma redução na diversidade média de espécies distintas provenientes de alimentos *in natura* e minimamente processados entre 2002-2003 e 2017-2018, passando de 6,5 para 5,7. Tal mudança foi impulsionada principalmente pela diminuição da diversidade de espécies vegetais, que caiu de 5,0 para 4,4 espécies, enquanto a diversidade média de espécies de origem animal apresentou uma queda menos acentuada, passando de 1,5 para 1,3 no período.

Gráfico 1 – Participação (%) média calórica de alimentos ultraprocessados

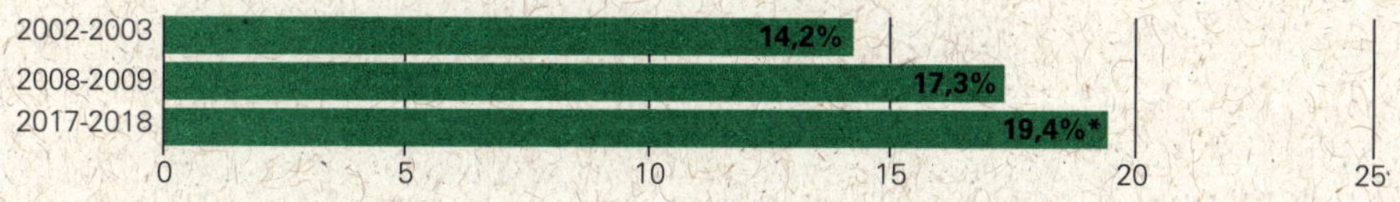

Gráfico 2 – Participação (%) média calórica de alimentos de origem animal

Gráfico 3 – Participação (%) média calórica de carnes em geral

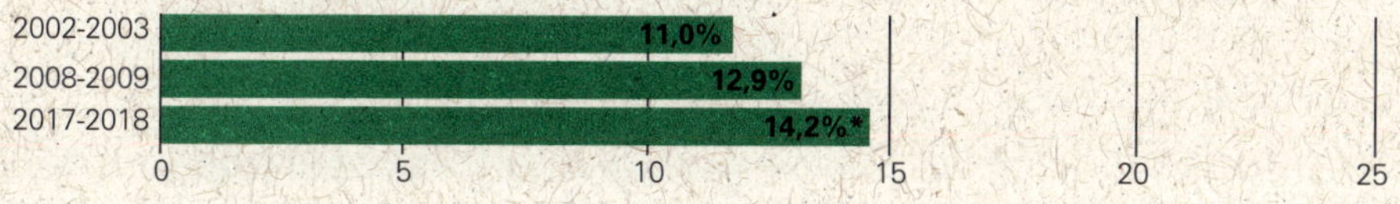

Gráfico 4 – Participação (%) média calórica de carnes vermelhas e processadas

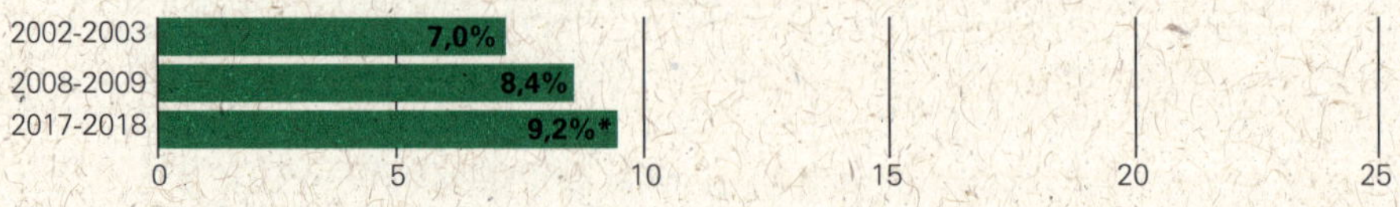

Gráfico 5 – Número médio de espécies animais e vegetais provenientes de alimentos *in natura* ou minimamente processados

Gráficos 1-5: Participação (%) média calórica de alimentos ultraprocessados (1), alimentos de origem animal (2), carnes em geral (3), e carnes vermelhas e processadas (4) no total de calorias adquiridas, e o número de espécies vegetais e animais provenientes de alimentos *in natura* ou minimamente processados (5) adquiridos por domicílios brasileiros entre 2002 e 2003, 2008 e 2009 e 2017 e 2018. *p de tendência < 0,05.

O conjunto dos gráficos 6 a 10 mostra a evolução temporal da disponibilidade domiciliar de alimentos ultraprocessados (6), de alimentos de origem animal (7), carnes em geral (8), e carnes vermelhas e processadas (9), e da diversidade de espécies vegetais e animais provenientes de alimentos *in natura* e minimamente processados (10) no Brasil entre 2002 e 2003, entre 2008 e 2009, e entre 2017 e 2018, por quintos de renda familiar *per capita*.

Observou-se um aumento da participação calórica de alimentos ultraprocessados em todos os quintos de renda entre 2002-2003 e 2017-2018. No entanto, esse crescimento foi proporcionalmente maior entre os estratos de menor renda, resultando em uma aproximação dos padrões de consumo entre os distintos grupos socioeconômicos no período: em 2002-2003, a participação variava de 8,5%

no quinto 1 de renda para 22,3% no quinto 5; já em 2017-2018, os valores foram de 12,9% e 25,4%, respectivamente.

A aquisição de alimentos de origem animal também aumentou em todos os quintos de renda no período entre 2002-2003 e 2017-2018. O crescimento foi muito mais acentuado no estrato mais pobre (quinto 1), cuja participação calórica passou de 14,7% para 22,5%, enquanto entre os mais ricos (quinto 5) a variação foi de 23,4% para 26,1%, reduzindo consideravelmente a diferença entre os extremos de renda.

Para as carnes em geral, observou-se um aumento da participação calórica em todos os quintos, com destaque para o quinto 1, que passou de 9,7% para 15,8%, inesperadamente superando todos os demais em 2017-2018.

Houve aumento da participação calórica de carnes vermelhas e processadas em todos os quintos de renda entre 2002-2003 e 2017-2018, com destaque para o quinto 1, cuja média subiu de 5,6% para 8,6%. Apesar disso, esse valor ainda se manteve ligeiramente abaixo do observado entre os mais ricos (9,1%) em 2017-2018.

Em relação à diversidade de espécies provenientes de alimentos *in natura* ou minimamente processados, observou-se uma redução muito mais acentuada entre os mais pobres (quinto 1), cuja média caiu de 6,8 para 5,2 espécies entre 2002-2003 e 2017-2018. Entre os mais ricos (quinto 5), a variação foi discreta, passando de 7,0 para 6,7 no mesmo período. Essa diferença resultou em uma relação direta entre diversidade e renda em 2017-2018.

A redução foi impulsionada principalmente pela queda expressiva na diversidade de espécies vegetais entre os mais pobres (quinto 1), que passou de 5,3 para 3,8 espécies. Já entre os mais ricos (quinto 5), a diversidade vegetal manteve-se praticamente estável, variando de 5,6 para 5,4 espécies. A diversidade de espécies animais, por sua vez, não apresentou diferença relevante segundo a renda.

Gráfico 6 – Participação (%) média calórica de alimentos ultraprocessados

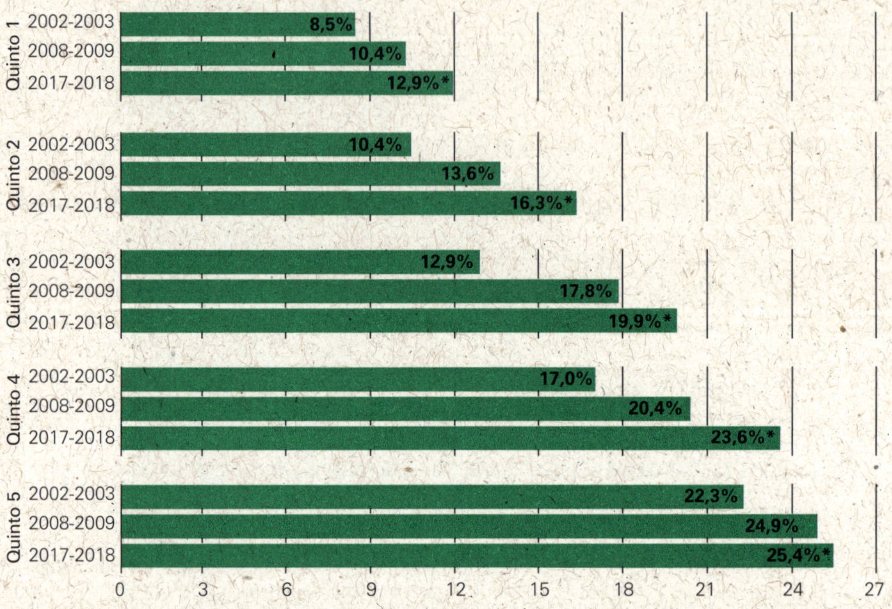

Gráfico 7 – Participação (%) média calórica de alimentos de origem animal

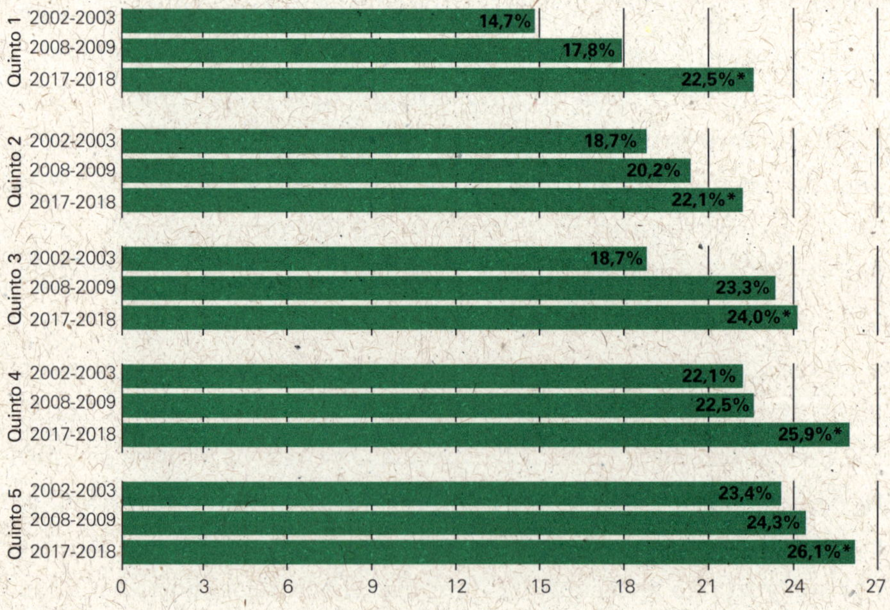

Gráfico 8 – Participação (%) média calórica de carnes em geral

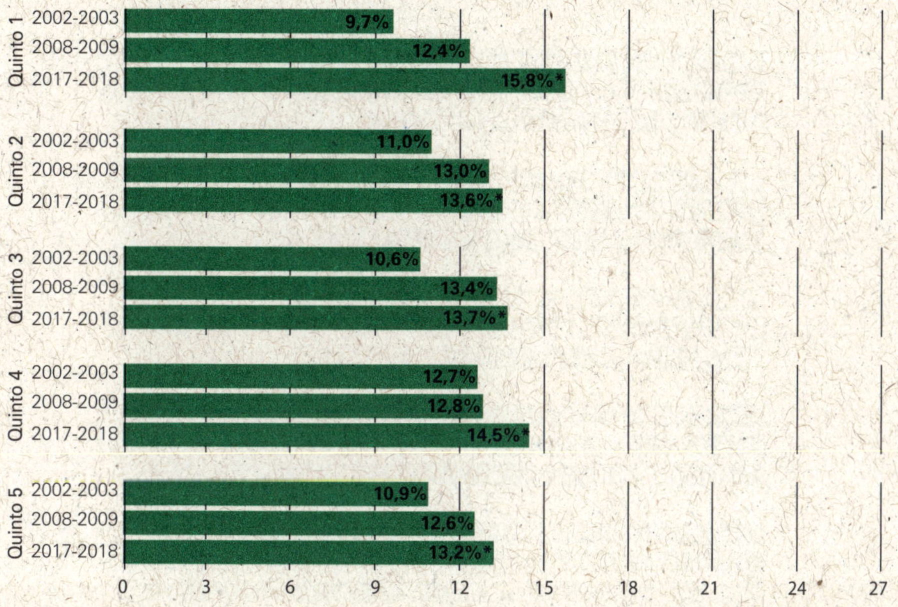

Gráfico 9 – Participação (%) média calórica de carnes vermelhas e processadas

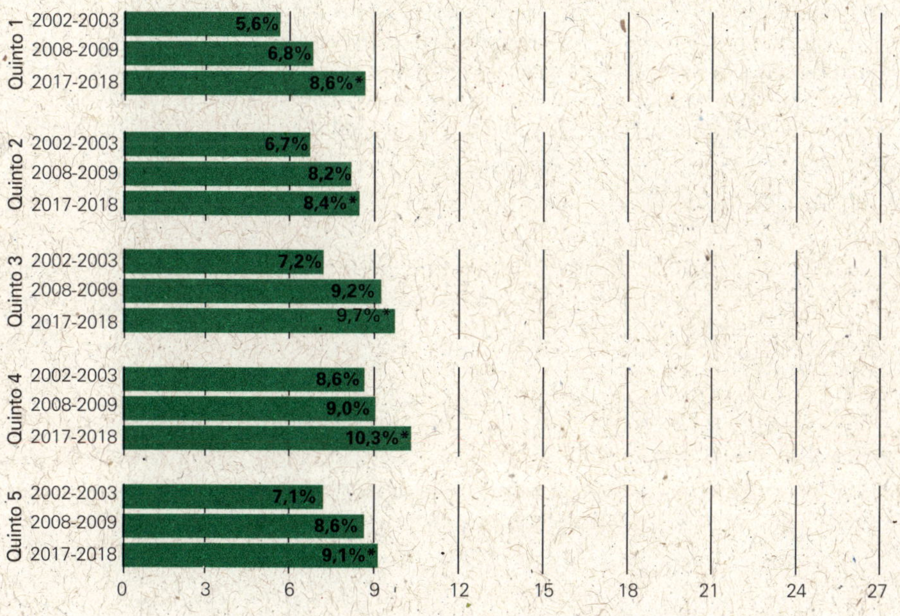

Gráfico 10 – Número médio de espécies animais e vegetais provenientes de alimentos *in natura* ou minimamente processados

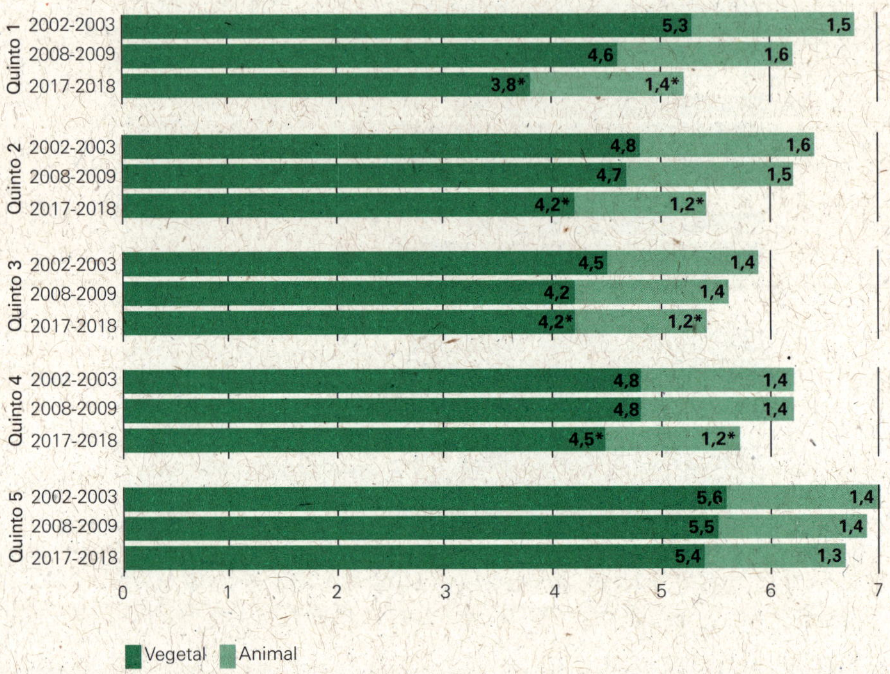

Gráficos 6-10: Participação (%) de calorias de alimentos ultraprocessados (6), alimentos de origem animal (7), carnes em geral (8), e carnes vermelhas e processadas (9) no total de calorias adquiridas, e do número de espécies vegetais e animais provenientes de alimentos *in natura* ou minimamente processados (10) adquiridos pelos domicílios segundo quintos de renda familiar *per capita* no Brasil entre 2002 e 2003, 2008 e 2009 e 2017 e 2018.

*p de tendência < 0,05.

Métodos empregados nas análises dos dados

Foram utilizados dados provenientes de três edições da Pesquisa de Orçamentos Familiares (POF), realizada pelo Instituto Brasileiro de Geografia e Estatística (IBGE), nos períodos de julho de 2002 a junho de 2003, maio de 2008 a maio de 2009, e junho de 2017 a julho de 2018. As pesquisas, representativas do território nacional, utilizaram um plano amostral complexo. A descrição detalhada sobre o processo de amostragem das pesquisas está disponível nas publicações do IBGE (2020). As informações utilizadas no presente estudo referem-se às aquisições de alimentos para consumo domiciliar feitas durante sete dias consecutivos. Os alimentos consumidos fora dos domicílios não foram incluídos devido à insuficiência de detalhes. A coleta de dados de cada pesquisa foi distribuída nos quatro trimestres do ano, incorporando a variedade sazonal. Fatores de correção foram aplicados para excluir a fração não comestível dos alimentos. A quantidade comestível foi convertida em calorias, empregando-se a Tabela Brasileira de Composição de Alimentos (TBCA, 2023).

Todos os alimentos reportados foram categorizados segundo os quatro grupos da classificação Nova: 1) alimentos *in natura* ou minimamente processados; 2) ingredientes culinários processados; 3) alimentos processados; e 4) alimentos ultraprocessados (Monteiro *et al.*, 2019; Martinez-Steele *et al.*, 2023). Posteriormente, todos os alimentos categorizados no grupo 1 da Nova foram classificados no nível das espécies por meio de nomenclatura taxonômica (Leite, 2023). Dessa forma, foram criados os seguintes indicadores:

- percentual de participação calórica do conjunto de alimentos ultraprocessados;
- percentual de participação calórica do conjunto de alimentos de origem animal (leites, iogurtes, bebidas à base de leite, ovos, gordura animal, aves, peixes, frutos do mar, boi, porco e animais silvestres, frios e embutidos, entre outros alimentos de todos os grupos da Nova);
- percentual de participação calórica do conjunto de carnes em geral (boi, porco, aves, peixe, carnes defumadas, animais silvestres, entre outros alimentos com carne em sua composição de todos os grupos da Nova);
- percentual de participação calórica do conjunto de carnes vermelhas e processadas (boi, carnes vermelhas salgadas, defumadas, entre outros alimentos de todos os grupos da Nova);
- diversidade de espécies animais e vegetais provenientes de alimentos *in natura* e minimamente processados, avaliada por meio da métrica "riqueza de espécies *per capita*/dia" (contagem do número total de espécies distintas consumidas) (Hanley-Cook *et al*., 2023).

As médias e respectivos intervalos de confiança de 95% dos indicadores foram estimados para o conjunto das famílias brasileiras e segundo quintos da distribuição de renda domiciliar *per capita*. Modelos de regressão linear foram utilizados para avaliar o significado estatístico das mudanças temporais. A significância estatística foi considerada no valor de $p < 0{,}05$. Foram utilizados fatores de ponderação, considerando a estrutura amostral e os fatores de expansão. As análises foram realizadas no software Stata 18/SE.

Implicações para políticas públicas de promoção da alimentação saudável no Brasil

As mudanças observadas no padrão alimentar da população brasileira nas últimas décadas – com progressivo aumento do consumo de alimentos ultraprocessados e de alimentos de origem animal, em paralelo à diminuição da diversidade de espécies provenientes de alimentos *in natura* e minimamente processados de origem vegetal – revelam um agravamento da monotonia alimentar no país, em especial entre os mais pobres. Tais mudanças têm sido impulsionadas por múltiplos determinantes econômicos, culturais, políticos e sociais que interagem entre si, como a mudança na dinâmica de preços e de acesso físico aos alimentos, as políticas agrícolas e subsídios voltados à pecuária extensiva e à produção de grãos, o marketing agressivo e o lobby da indústria de carnes e de alimentos ultraprocessados (Monteiro; Cannon, 2012; Moodie *et al.*, 2021; Azevedo *et al.*, 2022).

No caso dos alimentos ultraprocessados, sua promoção tem sido marcada por estratégias publicitárias intensas, que os associam à modernidade, praticidade e felicidade, em contraste com preparações tradicionais, como o arroz com feijão. No Brasil, esses produtos historicamente apresentaram preços mais elevados e maior disponibilidade em áreas urbanas, o que contribuiu para consolidar um padrão de consumo mais alto entre os grupos de maior renda. A recente redução das desigualdades no consumo pode estar relacionada à expansão do acesso entre os estratos de menor renda, favorecida pela queda relativa de preços, diversificação dos pontos de venda e penetração em regiões rurais e periféricas (Louzada; Gabe, 2025). Ainda assim, o índice de consumo de ultraprocessados no Brasil permanece abaixo do índice de países como Estados Unidos e Reino Unido, onde esses produtos já representam mais de 50% das calorias totais da dieta (Martini *et al.*, 2021).

Também chama atenção o padrão de consumo de carnes, que se manteve elevado em todos os estratos sociais ao longo do período analisado – com destaque para o aumento entre os mais pobres, que passaram a apresentar, no último período, os maiores percentuais de calorias provenientes desse grupo. Trata-se de um achado contraintuitivo, especialmente diante da narrativa dominante que defende a necessidade de ampliar o acesso a fontes proteicas. No caso brasileiro, os dados indicam que o problema não é a escassez de proteína, mas, sim, seu excesso e monotonia – com possíveis implicações para a saúde e a sustentabilidade alimentar. A título de comparação, Fardet e Rock (2020) propõem que alimentos de origem animal não ultrapassem 15% da ingestão calórica total; a Comissão EAT-Lancet sugere cerca de 13% a 14% de calorias provenientes desses alimentos, sendo aproximadamente 7% de carnes em geral, apenas 1,6% de carne vermelha e nenhum consumo de carnes processadas; já o World Cancer Research Fund e o American Institute for Cancer Research recomendam limitar a carne vermelha entre 350 g a 500 g por semana, no máximo – o que equivale a cerca de 2% a 3% das calorias –, e evitar completamente o consumo de carnes processadas (Fardet; Rock, 2020; Willet *et al.*, 2019; WCRF; AICR, 2018).

Considerando que os dados da última POF referem-se ao período de 2017-2018, é plausível supor que essa transição tenha se intensificado nos anos seguintes, especialmente diante do desmonte de políticas e programas voltados à promoção da alimentação saudável, ao fortalecimento da agricultura familiar e à proteção da sociobiodiversidade ocorridos a partir de 2016. A esse cenário, somaram-se os impactos da pandemia de covid-19, os quais agravaram ainda mais a situação. Como consequência, observou-se o recrudescimento da insegurança alimentar, da má nutrição em suas diversas formas e da pressão sobre os recursos naturais (Rede Penssan, 2022; Jaime, 2024).

No entanto, no período mais recente, observa-se a retomada de políticas públicas relevantes, com destaque para a reativação do Conselho Nacional de Segurança Alimentar e Nutricional, a ampliação das compras públicas de alimentos da agricultura familiar, a criação de uma nova cesta básica e as políticas de taxação a ela atreladas. Essas iniciativas tendem a provocar efeitos positivos, mas seus impactos ainda não foram monitorados.

O Guia Alimentar para a População Brasileira, lançado em 2014 pelo Ministério da Saúde, é considerado um dos principais instrumentos norteadores de políticas públicas de alimentação e nutrição no Brasil, consolidando, de forma pioneira, uma visão de alimentação saudável e sustentável. Sua regra de ouro é clara: prefira alimentos *in natura* ou minimamente processados, em variedade e preferencialmente de origem vegetal, e suas preparações culinárias a alimentos ultraprocessados. O caráter inovador dessa recomendação reside, principalmente, na incorporação da classificação Nova como base para suas diretrizes. Essa classificação representa uma mudança de paradigma na nutrição ao organizar os alimentos não mais apenas por seus nutrientes, mas segundo o grau e a finalidade de seu processamento industrial. Além disso, o guia se apoia em um conjunto abrangente de evidências científicas que vão além da prevenção de doenças, integrando aspectos da saúde, da sustentabilidade ambiental e da equidade social, e preconiza estímulo à agricultura familiar, à economia local, à biodiversidade e à importância da culinária doméstica e da cultura alimentar no preparo e consumo de refeições (Jaime; Braga, 2025).

Desde sua publicação, o Guia Alimentar passou a orientar tanto políticas focalizadas, voltadas à garantia do direito humano à alimentação adequada, quanto políticas estruturantes de promoção da saúde. Esse duplo papel se expressa, por exemplo, no II Plano Nacional de Segurança Alimentar e Nutricional (Brasil, 2017), que inclui metas específicas para a implementação das recomendações do guia (desafio 5), e no Plano de Ações Estratégicas para o Enfrentamento das Doenças Crônicas e Agravos Não Transmissíveis no Brasil 2021-2030 (Brasil, 2021), que estabelece como uma de suas metas a redução do consumo de alimentos ultraprocessados.

O guia também vem sendo utilizado como instrumento de educação em saúde e é reconhecido, no Sistema Único de Saúde (SUS), como referencial para ações de promoção da alimentação saudável, particularmente na atenção básica. A publicação da série Protocolos de Uso do Guia Alimentar para a População Brasileira na Orientação Alimentar é exemplo disso (Louzada *et al.*, 2022b). No entanto, os desafios para a disseminação do documento ainda persistem, como o desconhecimento e consequente subutilização de suas diretrizes por profissionais da saúde da atenção primária e de outros pontos da rede de atenção à saúde, como a atenção hospitalar (Jaime; Braga, 2025).

Para além do setor de saúde, o Guia Alimentar tem influenciado políticas públicas de diferentes áreas, incentivando iniciativas intersetoriais voltadas à promoção da alimentação saudável e da segurança alimentar e nutricional, o que é um forte indicativo do caráter sistêmico de seus impactos.

Um dos exemplos mais emblemáticos de política pública que promove simultaneamente benefícios para a saúde, para o meio ambiente e para a sociedade é o Programa Nacional de Alimentação Escolar (PNAE). Mesmo antes da publicação do Guia Alimentar, o programa já apresentava diretrizes parcialmente alinhadas aos princípios de uma alimentação adequada e sustentável. Com duas atualizações realizadas após a publicação do guia, o PNAE passou a priorizar de forma ainda mais explícita a compra de uma variedade de alimentos *in natura* e minimamente processados provenientes da agricultura familiar, a restringir o fornecimento de alimentos ultraprocessados e a diversificar fontes proteicas, incentivando a restrição de carnes processadas. Ao fazê-lo, o programa não apenas promove a saúde dos estudantes, como também induz transformações nos sistemas alimentares locais, fortalecendo modelos de produção mais sustentáveis, socialmente justos e promotores da sociobiodiversidade (Brasil, 2025a).

Outras iniciativas normativas também vêm reforçando a promoção de ambientes escolares mais saudáveis em diferentes esferas governamentais. Um marco foi o Decreto nº 11.821, de 2023, que institui a Estratégia Nacional para Promoção da Alimentação Adequada e Saudável nos Ambientes Escolares. O decreto estabelece diretrizes para que escolas públicas e privadas de educação básica se tornem espaços promotores da saúde, com ênfase na regulação da oferta e comercialização de alimentos, na educação alimentar e nutricional e no envolvimento da comunidade escolar (Brasil, 2023b). No âmbito subnacional, diversas leis estaduais e municipais têm buscado regulamentar as cantinas escolares, especialmente no que se refere à restrição da venda de alimentos ultraprocessados. Embora haja uma considerável variação na qualidade técnica e no grau de implementação dessas normas, observa-se um avanço significativo em algumas localidades. É o caso dos municípios de Niterói e do Rio de Janeiro, que recentemente aprovaram legislações inovadoras e alinhadas ao Guia Alimentar para a População Brasileira. Essas leis proíbem, por exemplo, a comercialização de alimentos ultraprocessados nas escolas e incentivam a oferta de preparações com base em alimentos *in natura* e minimamente processados.

A proposta da nova cesta básica, formulada com base nos princípios do guia, também sinaliza um avanço ao sugerir a inclusão somente de alimentos *in natura* e minimamente processados e ingredientes culinários como referência para o acesso alimentar da população, rompendo com a lógica anterior, que permitia a inclusão de produtos ultraprocessados (Brasil, 2024b). A reforma tributária aprovada em 2024 incorporou essa proposta ao prever a desoneração total de impostos para os itens da nova cesta básica. Além disso, abriu caminho para a aplicação de alíquotas diferenciadas (sobretaxação) sobre os refrigerantes, o que representa um importante passo para alinhar os instrumentos econômicos às diretrizes da saúde pública, do meio ambiente e da segurança alimentar e nutricional (Brasil, 2025a).

Vale destacar que a cesta básica serve como referência para a formulação e operacionalização de outras políticas públicas, como é o caso das cozinhas solidárias (Brasil, 2023c; Brasil, 2024a). Esses espaços, que vêm se expandindo em diversas regiões do país, especialmente em territórios marcados por vulnerabilidade social, têm sido fundamentais na oferta de refeições saudáveis, gratuitas ou a preços simbólicos, muitas vezes organizadas por movimentos sociais, coletivos comunitários ou em parceria com o poder público.

Apesar dos avanços, ainda falta um alinhamento maior entre essas políticas. Um exemplo emblemático é o debate em torno da inclusão das carnes e de alguns alimentos ultraprocessados (como margarina e bebidas lácteas adoçadas) na cesta de bens com alíquota reduzida ou isenção total (Brasil, 2025a). Embora esse movimento atenda a pressões de setores econômicos e considere aspectos culturais e sociais do consumo de carne no Brasil, ele entra em tensão com os princípios da sustentabilidade ambiental, da diversificação de fontes proteicas e das recomendações do próprio Guia Alimentar. A desoneração ampla e irrestrita da carne, especialmente das carnes processadas e de origem intensiva, pode enfraquecer os esforços por uma alimentação mais saudável e ambientalmente responsável. Integrar as lições aprendidas nas políticas educacionais e de alimentação escolar a essas reformas estruturais pode garantir maior coerência e eficácia às políticas públicas de alimentação no país.

Já a Política Nacional de Abastecimento Alimentar (PNAAB) cumpre um papel estratégico ao integrar ações como o Programa de Aquisição de Alimentos (PAA), o PNAE, as cozinhas solidárias e a própria cesta básica. Vai além da gestão de estoques e preços ao atuar sobre a organização do sistema alimentar com foco na soberania e segurança alimentar, na redução das desigualdades territoriais e na resposta a emergências alimentares e climáticas. Essa articulação possibilita, por exemplo, o direcionamento sistemático de alimentos do PAA para as cozinhas solidárias com base em critérios de qualidade nutricional e adequação cultural – reforçando o papel do Estado na indução de hábitos alimentares saudáveis e sustentáveis (Brasil, 2023a).

Outro instrumento regulatório importante é a rotulagem nutricional frontal. Aprovada pela Agência Nacional de Vigilância Sanitária (Anvisa) em 2020 e implementada em 2022, essa política representou um avanço no direito do consumidor à informação ao exigir alertas visuais nos rótulos de produtos com excesso de açúcar, gordura saturada ou sódio. No entanto, o modelo brasileiro adota critérios menos rigorosos do que os recomendados por organismos internacionais, como a Organização Pan-Americana de Saúde (OPAS). Como consequência, diversos produtos ultraprocessados amplamente consumidos – como bebidas lácteas adoçadas, biscoitos recheados e cereais matinais com aditivos químicos – não recebem qualquer selo de advertência. Isso compromete a efetividade da medida na identificação de produtos não recomendados pelo Guia Alimentar. Para fortalecer a política, seria recomendável não apenas a adoção de um perfil nutricional mais protetivo, mas também a incorporação de critérios qualitativos, como a sinalização da presença de aditivos alimentares para melhor refletir a natureza ultraprocessada desses produtos e ampliar a coerência entre a rotulagem e as diretrizes nacionais de alimentação e nutrição (Canella *et al.*, 2025).

Por fim, cabe destaque ao Marco de Referência de Sistemas Alimentares e Clima para as Políticas Públicas, em elaboração pelo Ministério do Desenvolvimento e Assistência Social, Família e Combate à Fome, em parceria com o Observatório de Políticas de Segurança Alimentar e Nutrição da Universidade de Brasília e o Instituto Clima e Sociedade (Brasil, 2025b). O documento busca articular políticas públicas entre setores para promover a transição para sistemas alimentares saudáveis e sustentáveis, enfrentando a monotonia alimentar no Brasil. Ele integra as agendas alimentar e climática, consolidando conceitos e premissas dessa relação e incentivando ações intersetoriais para transformar a produção, distribuição e consumo de alimentos. Seus princípios incluem o direito humano à alimentação adequada, soberania alimentar, justiça climática, sustentabilidade (social, ambiental, econômica e cultural), abordagens sistêmicas e participação social. Com isso, o Marco de Referência tem potencial para melhorar o alinhamento técnico e político das ações públicas com metas como redução de emissões, valorização da biodiversidade e promoção da alimentação saudável.

Discussões adicionais sobre alternativas resilientes e sustentáveis à produção convencional de alimentos de origem animal, bem como sobre estratégias para reorientar os sistemas de distribuição e comercialização de alimentos em direção a uma alimentação mais saudável e justa, são abordadas em outros capítulos deste livro e complementam as implicações para as políticas públicas discutidas aqui.

Considerações finais

Os dados apresentados neste capítulo revelam um agravamento da monotonia alimentar no Brasil nas últimas décadas, com aumento do consumo de alimentos ultraprocessados e de origem animal, em detrimento da diversidade de espécies de alimentos *in natura* e minimamente processados – especialmente entre a população de menor renda. Apesar dos inúmeros esforços e políticas implementadas nas últimas décadas para promover a alimentação saudável e sustentável no Brasil, ainda persistem desafios estruturais.

O país conta com um referencial sólido e internacionalmente reconhecido – o Guia Alimentar para a População Brasileira –, que se baseia em evidências científicas robustas e nos princípios da saúde, sustentabilidade ambiental, cultura alimentar e justiça social. Sua regra de ouro tem orientado políticas como o PNAE, o PAA, a nova cesta básica e legislações subnacionais sobre cantinas escolares. No entanto, sua implementação nas políticas públicas combina avanços e contradições. Enquanto programas como o PNAE alinham-se ao guia e surgem experiências inovadoras locais, como as leis de Niterói e do Rio de Janeiro que restringem ultraprocessados em escolas, outras ações seguem desalinhadas ou até contraditórias. A proposta de desoneração irrestrita de carnes na reforma tributária, por exemplo, contraria os princípios de sustentabilidade e diversificação alimentar defendidos pelo guia. Falta, portanto, coerência entre os diferentes níveis e instrumentos de ação estatal.

Para que o guia deixe de ser apenas normativo e oriente concretamente o sistema alimentar, é preciso que sejam articuladas políticas de produção, abastecimento, educação, assistência social e saúde em torno do objetivo comum de promover uma alimentação saudável e sustentável. Iniciativas como as cozinhas solidárias, o fortalecimento da agricultura familiar via PAA e a construção de uma política nacional de abastecimento são fundamentais, mas requerem integração e diretrizes comuns. O Marco de Referência em Sistemas Alimentares e Clima tem potencial para contribuir nesse sentido, ao integrar as agendas alimentar e climática.

É também essencial tratar a equidade como princípio transversal. Políticas públicas devem considerar as desigualdades regionais, raciais, de gênero e de classe que marcam o acesso à alimentação no país. Isso inclui apoiar formas tradicionais e comunitárias de produção e consumo, garantir acesso a alimentos de qualidade para populações vulnerabilizadas e assegurar sua participação nas decisões sobre o sistema alimentar.

Referências

ALENCAR, A. *et al.* **Desafios e oportunidades para redução das emissões de metano no Brasil**. Piracicaba: SEEG, 2022.

ANASTASIOU, K. *et al.* A conceptual framework for understanding the environmental impacts of ultra-processed foods and implications for sustainable food systems. **Journal of Cleaner Production**, v. 368, p. 133155, 2022.

AZEVEDO, A.; RIGI, C.; AZARIAS, E. A. (org.). **Dossiê Big Food**: como a indústria interfere em políticas de alimentação. [*S. l.*]: ACT; IDEC, 2022.

BHAGAT, S. *et al.* The water footprint of livestock production system and livestock products: a dark area – a review. **International Journal of Fauna and Biological Studies**, v. 7, n. 1, p. 83-88, 2020.

BIOVERSITY INTERNATIONAL. **Mainstreaming agrobiodiversity in sustainable food systems**: scientific foundations for an agrobiodiversity index. Rome: Biodiversity International, 2017.

BRASIL. Decreto nº 11.820, de 12 de dezembro de 2023. Institui a Política Nacional de Abastecimento Alimentar e dispõe sobre o Plano Nacional de Abastecimento Alimentar. **Diário Oficial da União**: seção 1, edição extra, Brasília, DF, ano 161, n. 235-C, 12 dez. 2023a.

BRASIL. Decreto nº 11.821, de 12 de dezembro de 2023. Dispõe sobre os princípios, os objetivos, os eixos estratégicos e as diretrizes que orientam as ações de promoção da alimentação adequada e saudável no ambiente escolar. **Diário Oficial da União**: seção 1, edição extra, Brasília, DF, ano 161, n. 235-C, 12 dez. 2023b.

BRASIL. Decreto nº 11.937, de 5 de março de 2024. Regulamenta o Programa Cozinha Solidária. **Diário Oficial da União**: seção 1, Brasília, DF, ano 162, n. 45, 6 de mar. 2024a.

BRASIL. Lei complementar nº 214, de 16 de janeiro de 2025. Institui o Imposto sobre Bens e Serviços (IBS), a Contribuição Social sobre Bens e Serviços (CBS) e o

Imposto Seletivo (IS); cria o Comitê Gestor do IBS e altera a legislação tributária. **Diário Oficial da União**: seção 1, edição extra, Brasília, DF, ano 163, n. 11-B, 16 jan. 2025a.

BRASIL. Lei nº 14.628 de 20 de julho de 2023. Institui o Programa de Aquisição de Alimentos (PAA) e o Programa Cozinha Solidária; altera as Leis nºs 12.512, de 14 de outubro de 2011, e 14.133, de 1º de abril de 2021 (Lei de Licitações e Contratos Administrativos); e revoga dispositivos das Leis nºs 11.718, de 20 de junho de 2008, 11.775, de 17 de setembro de 2008, 12.512, de 14 de outubro de 2011, e 14.284, de 29 de dezembro de 2021. **Diário Oficial da União**: seção 1, Brasília, DF, ano 161, n. 138, 21 de jul. 2023c.

BRASIL. Ministério da Saúde. Secretária de Vigilância em Saúde. Departamento de Análise em Saúde e Vigilância de Doenças Não Transmissíveis. **Plano de Ações Estratégicas para o Enfrentamento das Doenças Crônicas e Agravos Não Transmissíveis no Brasil 2021-2030**. Brasília, DF: MS/SVS, 2021.

BRASIL. Ministério do Desenvolvimento e Assistência Social, Família e Combate à Fome. **Marco de Referência de Sistemas Alimentares e Clima para as Políticas Públicas**. Brasília, DF: MDS, 2025b.

BRASIL. Ministério do Desenvolvimento e Assistência Social, Família e Combate à Fome. Portaria MDS nº 966, de 6 de março de 2024. Define a relação, não exaustiva, de alimentos que podem compor a Cesta Básica de Alimentos de acordo com os grupos de alimentos. **Diário Oficial da União**: seção 1, Brasília, DF, ano 162, n. 46, 7 mar. 2024b.

BRASIL. Ministério do Desenvolvimento Social e Agrário. Câmara Interministerial de Segurança Alimentar e Nutricional. **Plano Nacional de Segurança Alimentar e Nutricional**: Plansan (2016-2019). Brasília, DF: MDSA, CAISAN, 2017.

CANELLA, D. S. *et al*. Brazilian front-of-package nutrition labelling and food additives: an approach to identify ultra-processed food products. **The British Journal of Nutrition**, v. 133, n. 11, p. 1466-1472, 2025.

CRUZ, G. L. *et al*. The environmental impact of beef and ultra-processed food consumption in Brazil. **Public Health Nutrition**, v. 27, n. 1, p. e34, 2024.

FARDET, A.; ROCK, E. How to protect both health and food system sustainability? a holistic "global health"-based approach via the 3v rule Proposal. **Public Health Nutrition**, v. 23, n. 16, p. 3028-3044, 2020.

FOOD AND AGRICULTURE ORGANIZATION OF THE UNITED NATIONS (FAO); WORLD HEALTH ORGANIZATION (WHO). **Sustainable healthy diets**: guiding principles. Rome: FAO; WHO, 2019.

FRIEDRICH, K. *et al.* **Agronegócio e pandemia no Brasil**: uma sindemia está agravando a pandemia de covid-19? Rio de Janeiro: IPEN; Abrasco, 2021.

GARZILLO, J. M. F. *et al.* Ultra-processed food intake and diet carbon and water footprints: a national study in Brazil. **Revista de Saúde Pública**, v. 56, p. 6, 2022.

GERBENS-LEENES, P. W.; MEKONNEN, M. M.; HOEKSTRA, A. Y. The water footprint of poultry, pork and beef: a comparative study in different countries and production systems. **Water Resources and Industry**, v. 1-2, p. 25-36, 2013.

HANLEY-COOK, G. T. *et al.* Food biodiversity: quantifying the unquantifiable in human diets. **Critical Reviews in Food Science and Nutrition**, v. 63, n. 25, p. 7837-7851, 2023.

INSTITUTO BRASILEIRO DE GEOGRAFIA E ESTATÍSTICA (IBGE). **Pesquisa de Orçamentos Familiares 2017-2018**: avaliação nutricional da disponibilidade domiciliar de alimentos no Brasil. Rio de Janeiro: IBGE, 2020.

JAIME, P. C. (org.). **Políticas públicas de alimentação e nutrição**. 2. ed. São Paulo: Atheneu, 2024.

JAIME, P. C.; BRAGA, M. B. L. Dez anos do Guia Alimentar para a População Brasileira: história, ciência e política. **Epidemiologia e Serviços de Saúde**, v. 34, p. e20240267, 2025.

LACHAT, C. *et al.* Dietary species richness as a measure of food biodiversity and nutritional quality of diets. **Proceedings of the National Academy of Sciences**, v. 115, n. 1, p. 127-132, 2018.

LANE, M. M. *et al.* Ultra-processed food exposure and adverse health outcomes: umbrella review of epidemiological meta-analyses. **BMJ**, v. 384, p. e077310, 2024.

LEITE, F. H. M. **Impacto da aquisição de alimentos ultraprocessados e da carne bovina sobre a agrobiodiversidade no Brasil (2017-18)**. 2023. Tese (Doutorado em Saúde Global e Sustentabilidade) – Faculdade de Saúde Pública, Universidade de São Paulo, São Paulo, 2023.

LOUZADA, M. L. da C. *et al.* Changes in obesity prevalence attributable to ultra--processed food consumption in Brazil between 2002 and 2009. **International Journal of Public Health**, v. 67, p. 1604103, 2022a.

LOUZADA, M. L. da C. *et al.* Developing a protocol based on the Brazilian Dietary Guidelines for individual dietary advice in the primary healthcare: theoretical and methodological bases. **Family Medicine and Community Health**, v. 10, n. 1, p. e001276, 2022b.

LOUZADA, M. L. da C. *et al.* Validating the usage of household food acquisition surveys to assess the consumption of ultra-processed foods: evidence from Brazil. **Food Policy**, v. 72, p. 112-120, 2017.

LOUZADA, M. L. da C.; GABE, K. T. Classificação de alimentos Nova: uma contribuição da epidemiologia brasileira. **Revista Brasileira de Epidemiologia**, v. 28, p. e250027, 2 jun. 2025.

MARTINEZ-STEELE, E. *et al.* Best practices for applying the Nova food classification system. **Nature Food**, v. 4, n. 6, p. 445-448, 2023.

MARTINI, D. *et al.* Ultra-processed foods and nutritional dietary profile: a meta--analysis of nationally representative samples. **Nutrients**, v. 13, n. 10, p. 3390, 2021.

MEKONNEN, M. M.; HOEKSTRA, A. Y. **The green, blue and grey water footprint of farm animals and animal products, volume 2**: appendices. Delft: Unesco, 2010. (Value of Water Research Report Series, n. 48).

MONTEIRO, C. A. *et al.* Ultra-processed foods: what they are and how to identify them. **Public Health Nutrition**, v. 22, n. 5, p. 936-941, 2019.

MONTEIRO, C. A.; CANNON, G. The impact of transnational "Big Food" companies on the South: a view from Brazil. **PLoS Medicine**, v. 9, n. 7, p. e1001252, 2012.

MOODIE, R. *et al.* Ultra-processed profits: the political economy of countering the global spread of ultra-processed foods – a synthesis review on the market and political practices of transnational food corporations and strategic public health responses. **International Journal of Health Policy and Management**, v. 10, n. 12, p. 968-982, 2021.

NILSON, E. A. F. *et al.* Premature deaths attributable to the consumption of ultra-processed foods in Brazil. **American Journal of Preventive Medicine**, v. 64, n. 1, p. 129-136, 2023.

REDE BRASILEIRA DE PESQUISA EM SOBERANIA E SEGURANÇA ALIMENTAR E NUTRICIONAL (REDE PENSSAN). **II Inquérito nacional sobre insegurança alimentar no contexto da pandemia da covid-19 no Brasil**. São Paulo: Rede Penssan, 2022.

SILVA, J. T. da. *et al.* Greenhouse gas emissions, water footprint, and ecological footprint of food purchases according to their degree of processing in Brazilian metropolitan areas: a time-series study from 1987 to 2018. **The Lancet. Planetary Health**, v. 5, n. 11, p. e775-e785, 2021.

SROUR, B. *et al.* Ultra-processed foods and human health: from epidemiological evidence to mechanistic insights. **The Lancet Gastroenterology & Hepatology**, v. 7, n. 12, p. 1128-1140, 2022.

SUTTON, W. R.; LOTSCH, A.; PRASANN, A. **Recipe for a livable planet**: achieving net zero emissions in the agrifood system. Washington, DC: World Bank Group, 2024.

TABELA BRASILEIRA DE COMPOSIÇÃO DE ALIMENTOS (TBCA). **TBCA Versão 7.2**. São Paulo: Universidade de São Paulo; Food Research Center (FoRC), 2025. Disponível em: https://www.tbca.net.br/. Acesso em: 8 ago. 2025.

TESSIER, A.-J. *et al.* Optimal dietary patterns for healthy aging. **Nature Medicine**, n. 31, n. 5, p. 1644-1645, 2025.

WILLETT, W. *et al.* Food in the Anthropocene: the EAT–Lancet Commission on healthy diets from sustainable food systems. **The Lancet**, v. 393, n. 10170, p. 447-492, 2019.

WORLD CANCER RESEARCH FUND (WCRF); AMERICAN INSTITUTE FOR CANCER RESEARCH (AICR). **Diet, nutrition, physical activity and cancer**: a global perspective – a summary of the third expert report. London: WCRF; AICR, 2018.

WORLD HEALTH ORGANIZATION (WHO). **Red and processed meat in the context of health and the environment**: many shades of red and green – information brief. Geneva: WHO, 2023.

SOBRE OS **AUTORES**

Álvaro Maia Batista

Doutor em economia do desenvolvimento pela Pontifícia Universidade Católica do Rio Grande do Sul (PUCRS). Atualmente, é pesquisador no Instituto de Pesquisa Ambiental da Amazônia (IPAM), onde trabalha com economia ambiental e economia ecológica. Atuou como professor universitário e consultor em temas relacionados à modelagem estatística, sustentabilidade, educação e finanças.

André Andrade

Biólogo pela Universidade Federal de Minas Gerais (UFMG), com período de intercâmbio acadêmico na Universidade de Newcastle. Mestre e doutor em ecologia e evolução pela Universidade Federal de Goiás (UFG) e pós-doutor júnior pelo Conselho Nacional de Desenvolvimento Científico e Tecnológico (CNPq) e pela UFG. Atualmente, é pesquisador no Instituto de Pesquisa Ambiental da Amazônia (IPAM), no qual atua como gerente no projeto Global Assessments from Local Observations (GALO). Possui ampla experiência em pesquisa na área de conservação de espécies, mudanças climáticas e análises espaciais. Dedicou uma parte significativa de sua formação à ecologia quantitativa, possuindo conhecimento em desenho de projetos, análises estatísticas e modelos preditivos.

Antônio Silveiro

Engenheiro florestal, mestre em biodiversidade e agroecossistemas amazônicos e doutor em ecologia e conservação pela Universidade do Estado de Mato Grosso (Unemat). Atualmente, é pesquisador do Instituto de Pesquisa Ambiental da Amazônia (IPAM) e atua diretamente na Estação de Pesquisa Tanguro (Fazenda Tanguro, Querência, MT) nas áreas de água e carbono do solo.

Arilson Favareto (organizador)

Sociólogo com mestrado em sociologia, doutorado em ciências ambientais e pós-doutorado em dinâmica oceânica e terrestre. É professor titular da Cátedra Josué de Castro de Sistemas Alimentares Saudáveis e Sustentáveis da Faculdade de Saúde Pública da Universidade de São Paulo (FSP/USP) desde 2024. É professor na Universidade Federal do ABC (UFABC) desde 2006, aprovado em concurso público na área de análise econômica para ciência e tecnologia, vinculado ao Programa de Pós-Graduação em Planejamento e Gestão Territorial e aos cursos de graduação em ciências e humanidades, planejamento territorial, economia e políticas públicas. É pesquisador do Centro Brasileiro de Análise e Planejamento (Cebrap) desde 2004, onde criou em 2020 o Cebrap Sustentabilidade – Núcleo de Pesquisa e Análises sobre Meio Ambiente, Desenvolvimento e Sustentabilidade –, o qual coordena até os dias de hoje. Também é diretor científico da instituição desde 2023.

Bárbara Guedes

Doutoranda em geoprocessamento de dados no Laboratório de Sistemas de Informações Espaciais (LSIE), no Departamento de Geografia da Universidade de Brasília (UnB), é mestre em botânica pelo Instituto de Biologia da UnB e engenheira florestal, também pela UnB. Atualmente, é analista de pesquisa no Instituto de Pesquisa Ambiental da Amazônia (IPAM) e Project Manager Organizer (PMO) no projeto Global Assessments from Local Observations (GALO). Sua experiência integra o uso de sensoriamento remoto e análise de mudanças no uso e cobertura da terra, com foco nos impactos da expansão agrícola e do desmatamento sobre os serviços ecossistêmicos.

Bianca Rebelatto

Engenheira agrônoma e mestre em ecologia e conservação pela Universidade do Estado de Mato Grosso (Unemat). Atualmente, é pesquisadora no Instituto de Pesquisa Ambiental da Amazônia (IPAM). Durante a graduação, dedicou-se ao estudo de sistemas agroecológicos e extensão rural, direcionando seu interesse para a interface entre agricultura e serviços ecossistêmicos no mestrado. Sua pesquisa busca compreender o papel das florestas na produção de alimentos em cenários de desmatamento e mudanças climáticas.

Elisângela Rocha

Mestre em agricultura e ambiente pela Universidade Federal de São Carlos (UFSCar) e doutora em biologia (ecologia) pelo Instituto Nacional de Pesquisas da Amazônia (INPA). Possui experiência em manejo e ecologia de lianas em áreas degradadas, bem como no monitoramento de parcelas permanentes na Amazônia e na Mata Atlântica. Durante o doutorado, integrou o Centro de Estudos Integrados da Biodiversidade Amazônica (INCT-CENBAM), colaborando na coorientação de trabalhos, na gestão de repositórios de dados e no manejo e disponibilização de dados e metadados de levantamentos biológicos. É autora de artigos científicos resultantes de seu doutorado e de parcerias. Atualmente, é pós-doutoranda no Instituto de Pesquisa Ambiental da Amazônia (IPAM), onde avalia os impactos da restauração sobre o clima, a biodiversidade e o carbono. Seu interesse abrange um amplo espectro da ciência florestal, incluindo dinâmica de biomassa, restauração e sensoriamento remoto.

Fernanda Helena Marrocos-Leite

Nutricionista e mestre em ciências da saúde pela Universidade Federal de São Paulo (Unifesp), e doutora em saúde global e sustentabilidade pela Faculdade de Saúde Pública da Universidade de São Paulo (FSP/USP). É pesquisadora de pós-doutorado vinculada ao Departamento de Nutrição da FSP/USP e ao Núcleo de Pesquisas Epidemiológicas em Nutrição e Saúde da USP (Nupens/USP). Atua, ainda, como pesquisadora na Cátedra Josué de Castro em Sistemas Alimentares Saudáveis e Sustentáveis da FSP/USP. Atuou como pesquisadora em políticas alimentares no Painel Global sobre Agricultura e Sistemas Alimentares para Nutrição, sediado na London School of Hygiene and Tropical Medicine (2015-2018). Sua atuação concentra-se na área de impacto ambiental da dieta, segurança alimentar e nutricional e sistemas alimentares saudáveis e sustentáveis.

Filipe Arruda

Pesquisador do Instituto de Pesquisa Ambiental da Amazônia (IPAM), é formado em biologia pela Universidade Estadual de Goiás (UEG), mestre em biodiversidade, ecologia e conservação pela Universidade Federal do Tocantins (UFT) e doutor em recursos naturais do Cerrado pela UEG. Possui experiência na área de ecologia de populações e comunidades (principalmente formigas e abelhas). Seu principal objetivo é avaliar o impacto das queimadas em diferentes biomas (Cerrado, Pantanal e Amazônia), nas comunidades e populações de animais, plantas e na qualidade do ar, bem como avaliar como o manejo integrado do fogo (MIF) pode reduzir os impactos das grandes queimadas nesses biomas.

Isabela Filgueira

Bióloga formada pela Universidade de Brasília (UnB) e mestre em ciências do meio ambiente pela Yale School of the Environment, onde foi contemplada com bolsas internacionais de pesquisa (Three Cairns Fellowship, Rising Star Fellowship). Desenvolve pesquisa em ecologia da paisagem e serviços ecossistêmicos, com foco na dispersão de sementes por grandes mamíferos em mosaicos de florestas e áreas agrícolas na região de transição entre a Amazônia e o Cerrado. Possui experiência em pesquisa científica multidisciplinar sobre biodiversidade, conservação e bioinsumos, em instituições como o Instituto de Pesquisa Ambiental da Amazônia (IPAM) e a Empresa Brasileira de Pesquisa Agropecuária (Embrapa).

Judson Ferreira Valentim

Engenheiro agrônomo pela Universidade Federal Rural da Amazônia (UFRA), mestre e doutor em agronomia pela Universidade da Flórida, com pós-doutorado pela Universidade de Harvard, e pesquisador associado ao Centro David Rockefeller de Estudos Latino-Americanos. Atualmente, é pesquisador da Empresa Brasileira de Pesquisa Agropecuária (Embrapa), no Centro de Pesquisa Agroflorestal do Acre, membro do conselho gestor de estratégias da Embrapa, coordenador da câmara técnica do agronegócio do Fórum Empresarial de Inovação e Desenvolvimento do Acre, membro do conselho estadual de meio ambiente e florestas do Acre, e membro do conselho interministerial do Programa Nacional de Conversão de Pastagens Degradadas em Sistemas de Produção Agropecuários e Florestais Sustentáveis. Atua há mais de 45 anos em pesquisa, desenvolvimento e inovação em sistemas agrícolas e pecuários biodiversos e sustentáveis. Em 2024, foi reconhecido pela Embrapa por suas relevantes contribuições na interface entre ciência e políticas públicas para o desenvolvimento sustentável e inclusivo na Amazônia Legal brasileira.

Ludmila Rattis

Doutora em ecologia pela Universidade Estadual de Campinas (Unicamp), com período de intercâmbio acadêmico na Carleton University, mestre em entomologia pela Faculdade de Filosofia, Ciências e Letras de Ribeirão Preto (USP/RP) e bióloga pela Universidade do Estado de Minas Gerais (UEMG). Atualmente, é pesquisadora no Instituto de Pesquisa Ambiental da Amazônia (IPAM), cientista no Woodwell Climate Research Center e professora na Fundação Dom Cabral.

Marcos Anderson Lucas da Silva

Mestre em alimentos, nutrição e saúde pela Universidade Federal de São Paulo (Unifesp), com formação em gastronomia pela Devry Brasil. Atualmente, é doutorando em nutrição em saúde pública na Faculdade de Saúde Pública da Universidade de São Paulo (FSP/USP) e pesquisador do Núcleo de Pesquisas Epidemiológicas em Nutrição e Saúde (Nupens/USP). Sua atuação concentra-se na área de epidemiologia nutricional, com foco em biodiversidade e ambiente alimentar.

Maria José Hötzel

Professora de etologia aplicada e bem-estar animal na Universidade Federal de Santa Catarina (UFSC). É veterinária e mestre pela Universidade Federal do Rio Grande do Sul (UFRGS) e doutora em zootecnia pela University of Western Australia (UWA). Sua pesquisa se concentra nos impactos de práticas e sistemas de manejo nas relações entre humanos e animais, bem como no comportamento e na saúde animal. Ela também investiga as atitudes de produtores e do público em relação ao bem-estar animal, integrando essas perspectivas a questões mais amplas, como ética animal, mudanças climáticas, uso racional de antimicrobianos, resistência antimicrobiana e segurança alimentar. Atualmente, é presidente da Sociedade Internacional de Etologia Aplicada (ISAE), no biênio 2025-2027.

Maria Laura da Costa Louzada

Professora do Departamento de Nutrição da Faculdade de Saúde Pública da Universidade de São Paulo (FSP/USP) e pesquisadora do Núcleo de Pesquisas Epidemiológicas em Nutrição e Saúde da USP (Nupens/USP). Desde 2023, ocupa o cargo de vice-coordenadora do Nupens/USP. Orientadora do programa de pós-graduação em nutrição em saúde pública da USP e editora associada da *Revista de Saúde Pública*. Membra da Comissão de Epidemiologia da Associação Brasileira de Saúde Coletiva (Abrasco) e do Departamento de Meio Ambiente, Sustentabilidade e Cultura Alimentar da Associação Brasileira para o Estudo da Obesidade (Abeso). É autora do livro *Epidemiologia nutricional aplicada à obesidade* (Edusp).

Marília Lourenço

Ecóloga e analista ambiental pela Universidade Federal de Goiás (UFG) e graduanda em gestão ambiental. Com experiência na área de geoprocessamento e sensoriamento remoto voltados para a severidade de queimadas, classificação de uso e cobertura do solo, análise de áreas para criação de unidades de conservação e áreas estratégicas. Atua na consultoria ambiental com monitoramento de fauna, relatórios técnicos e gestão de resíduos.

Patrícia Constante Jaime

Nutricionista pela Universidade Federal de Goiás (UFG), mestre e doutora em saúde pública pela Universidade de São Paulo (USP), com estágio de pós-doutorado na London School of Hygiene and Tropical Medicine. É professora titular do Departamento de Nutrição da Faculdade de Saúde Pública da (FSP/USP), pesquisadora e coordenadora científica do Núcleo de Pesquisas Epidemiológicas em Nutrição e Saúde (Nupens/USP) e da Cátedra Josué de Castro de Sistemas Alimentares Saudáveis e Sustentáveis da FSP/USP. Foi responsável técnica pela elaboração do Guia Alimentar para a População Brasileira, publicado pelo Ministério da Saúde em 2014. Sua atuação concentra-se na área de nutrição em saúde pública, em atividades de ensino, pesquisa e gestão.

Ricardo Abramovay (organizador)

Professor sênior do Instituto de Estudos Avançados e do Instituto de Energia e Ambiente da Universidade de São Paulo (USP). É pesquisador da Cátedra Josué de Castro de Sistemas Alimentares Saudáveis e Sustentáveis da Faculdade de Saúde Pública da USP. Dirige o Instituto Nacional de Ciência e Tecnologia "Superar a tríplice monotonia do sistema agroalimentar". Fez sua carreira acadêmica no Departamento de Economia da Faculdade de Economia, Administração, Contabilidade e Atuária da USP, onde se tornou professor titular em 2001. É autor de quinze livros, entre eles *Paradigmas do capitalismo agrário em questão* (Hucitec), *Muito além da economia verde* (Planeta Sustentável), *Infraestrutura para o desenvolvimento sustentável da Amazônia* (Elefante) e *Amazônia: por uma economia do conhecimento da natureza* (Elefante). Dirigiu as equipes que apresentaram *policy briefs* nas reuniões do G20 realizadas na Índia, no Brasil e na África do Sul. É coautor líder do capítulo sobre bioeconomia do Painel Científico para a Amazônia (SPA). É membro do conselho do Instituto Ibirapitanga e presidente do conselho do Instituto de Manejo e Certificação Florestal e Agrícola (Imaflora).

Rita Albernaz-Gonçalves

Professora do Instituto Federal de Ciência, Educação e Tecnologia Catarinense (IFC), campus Santa Rosa do Sul. É médica veterinária e mestre em zootecnia pela Universidade Federal de Pelotas (UFPel) e doutora em agroecossistemas pela Universidade Federal de Santa Catarina (UFSC). Tem experiência com pesquisas nas áreas de nutrição de monogástricos e alimentos alternativos para aves e suínos, bem-estar animal nos sistemas pecuários e sua relação com a saúde animal, Saúde Única (One Health), resistência antimicrobiana e uso racional de antibióticos na pecuária. Atua como docente no curso técnico em agropecuária integrado ao ensino médio, no bacharelado em engenharia agronômica e no bacharelado em zootecnia.

Taiza Lopes

Bióloga pela Universidade do Estado de Minas Gerais (UEMG) e mestre em ecologia e conservação pela Universidade do Estado do Mato Grosso (Unemat). Foi bolsista do Instituto de Pesquisa Ambiental da Amazônia (IPAM), onde desenvolveu um trabalho sobre o impacto de perturbações antrópicas em comunidades de abelhas. Atualmente, é colaboradora do projeto Global Assessments from Local Observations (GALO) e técnica de apoio da pesquisa do Laboratório Megaflora, da Universidade de Birmingham.

Vanessa Ribeiro

Bióloga pela Universidade Estadual de Minas Gerais (UEMG), mestre em entomologia e doutora em ecologia pela Universidade Federal de Viçosa (UFV). Colabora no Laboratório de Ecologia de Comunidades e Ecossistemas Tropicais da UFV coorientando alunos no programa de pós-graduação em ecologia. Atualmente, é pós-doutoranda no Instituto de Pesquisa Ambiental da Amazônia (IPAM) e na UFV, atuando principalmente nas áreas de ecologia de distúrbios, ecologia de comunidades, biodiversidade e conservação.

Walter Belik

Professor titular aposentado de economia agrícola do Instituto de Economia da Universidade Estadual de Campinas (IE/Unicamp). Mestre pela Fundação Getulio Vargas (EAESP/FGV) e doutor pelo IE/Unicamp em economia, com pós-doutorado na Universidade de Londres e na Universidade da Califórnia. Professor visitante da Universidade de Kassel, na Alemanha. Atuou como coordenador do Núcleo de Estudos e Pesquisas em Alimentação (Nepa/Unicamp) e participou da criação e coordenação do Instituto Confúcio (Unicamp). Atualmente, é membro do conselho acadêmico do Centro de Estudos sobre a China da Unicamp, em parceria com o Chinese Academy of Social Sciences (CASS). Foi membro do Conselho Nacional de Segurança Alimentar e Nutricional (Consea) e coordenou a Iniciativa América Latina e Caribe sem Fome, projeto sediado no Escritório Regional da Organização das Nações Unidas para Alimentação e Agricultura (FAO). Atualmente, é consultor da FAO na área de abastecimento e mercados atacadistas e membro do High Level Panel of Experts do Comitê das Nações Unidas para a Segurança Alimentar Mundial. Atua como voluntário e diretor do Instituto Fome Zero e presidente do Banco de Alimentos da Associação Prato Cheio, de São Paulo.